Jean-François QUÉNET

LE LIVRE D'OR 2004
CYCLISME

Préface de Thomas Voeckler

SOLAR

Origine des documents photographiques

Toutes les photos de cet ouvrage ont été fournies par **Graham Watson** à l'exception des pages : 6, 12, 13, 60, 125MD et BD, 134 et 135 (**Bruno Bade**), 14HG, HD et BM, 20, 37HM, HD et BG (**Photonews**), 14BD, 15HM, 57MG et BG, 71B et 136MG (**Roberto Bettini**), 14 BG, 15MG et MD, 36MG et BD, 58, 59 et 125HD (**Patrick Pichon**), 15HD, 36HM, HD et MD, 39, 57MD, 125MG et 136HG (**Rob Denis**), 36HG, 136MD et B (**Georges Mesnager**), 37BD, 112, 113 et 136HD (**Cyrille Jolit**), 52 et 53 (**H.A. Roth**), 94HG (**Pierre Duc**), 110 et 111 (**Cor Vos**), 125HG et HM (**ASO/Bruno Bade**), 125BG (**Alexis**).

Si vous souhaitez recevoir notre catalogue
et être tenu au courant de nos publications,
envoyez-nous vos nom et adresse, en citant ce livre
et en précisant les domaines qui vous intéressent.

Éditions SOLAR
12, avenue d'Italie
75013 PARIS
Internet : www.solar.tm.fr

Directeur de collection : Renaud de Laborderie

ISBN : 2-263-03765-9
Code éditeur : S03765
Dépôt légal : novembre 2004
Réalisation : GRAPH'M
Imprimé en France par Mame, 37000 Tours

« Le cyclisme ne se limite pas au Tour de France »

par Thomas Voeckler

Champion de France

C'est avec plaisir que j'ai accepté de rédiger la préface du *Livre d'Or* de la saison 2004 d'autant plus que celle-ci fut pour moi riche en émotions. A vrai dire, tout s'est accéléré d'un coup : après le championnat de France, s'en sont suivis les dix jours en jaune (moi qui n'aurais même pas imaginé le porter ne serait-ce qu'une journée), puis la participation aux jeux Olympiques d'Athènes.
Le Tour. Un événement si médiatisé qu'il propulse le coureur qui s'y illustre au rang de vedette.
J'ai vécu cet été, en grande partie grâce à un travail d'équipe fabuleux, les moments les plus forts sur le vélo depuis que j'ai débuté à l'âge de 13 ans en Martinique. Jusqu'ici, j'ai gravi les échelons petit à petit et je suis tout à fait conscient qu'il me reste tout à prouver et que le plus dur est à venir. Car si j'ai eu de la réussite en réalisant de bonnes performances au bon moment, d'autres coureurs ont sans doute eu davantage de résultats, et pourtant on a moins entendu parler d'eux.
Vous pourrez vérifier dans les pages suivantes que le cyclisme ne se limite pas au Tour de France. Tout au long de la saison, le calendrier comporte de nombreuses courses relevées et difficiles avec un éventail de caractéristiques (pavés, cols, monts, bordures...) selon les épreuves, et les coureurs qui y brillent méritent d'être considérés.
D'ailleurs, tous les coureurs, quels que soient leur niveau ou leur catégorie, méritent le respect tant le cyclisme est un sport difficile. En outre, croyez-moi, je parle en connaissance de cause, il est plus pénible de souffrir dans l'anonymat que lorsqu'on se trouve à l'avant de la course, encouragé et porté par le public. Une chose est certaine, il en est un qui va beaucoup lui manquer, au public. Cette saison demeurera marquée par les adieux à la compétition de deux messieurs du peloton, tous deux de la même équipe. Ainsi, après la retraite de l'idole des Belges Johan Museeuw en avril, c'est le préféré des Français qui met un terme à sa carrière. Richard Virenque a fait rêver les gens pendant plus de dix ans (étant donné que je le regardais déjà à la télé quand j'étais minime !) et son palmarès, son tempérament, l'ensemble de son œuvre méritent le plus profond respect.
Enfin, je terminerai en mentionnant un domaine à mon sens trop souvent occulté du sport cycliste et qui paraît pourtant essentiel : celui de la formation. Il va de soi que si l'on assiste au plus haut niveau à du spectacle et à de belles passes d'armes, il ne pourrait en être ainsi sans l'indispensable investissement personnel de tous les bénévoles qui donnent de leur temps au sein des clubs, comités, organisations de courses, structures sport-études, etc. Ils permettent aux jeunes coureurs que nous, professionnels, avons tous été auparavant de franchir les paliers pour toujours évoluer dans le bon sens. Cette préface est un hommage à tous les bénévoles du vélo, à tous ceux qui croient en un sport vrai.
Qu'ils soient largement remerciés.

SOMMAIRE

Rabobank
T-Mobile

Saeco

L'absolu et l'Absalon

C'était donc possible : un homme a remporté six Tours de France. Du jamais vu. Un autre a gagné trois Coupes du monde d'affilée. Ça ne se reverra jamais. Un troisième a réussi, en VTT, le doublé jeux Olympiques-championnat du monde. Et c'est le cycliste français de l'année. Lance Armstrong, Paolo Bettini et Julien Absalon sont des recordmen absolus. Les stars de la saison 2004. Et parfois aussi les arbres qui cachent la forêt.

À Athènes, la France sportive s'est rendu compte qu'elle tenait en Julien Absalon un garçon en or, charmant, bien sous tous rapports et totalement maître de son sujet dès lors que le monde du VTT était débarrassé de sa brebis galeuse, le Belge Filip Meirhaeghe, enfin sorti du circuit grâce à un contrôle antidopage positif à l'EPO. Mais comme toute médaille a son revers, le Vosgien, par ses performances magnifiques, a mis en perspective la pauvreté de tout le reste du cyclisme français, route et piste confondues. Désastreux aux JO, inexistant aux championnats du monde de Vérone, et pas seulement chez les professionnels.

Demeurent toutefois les pouvoirs magiques du Tour de France, où aucun Français n'est entré dans les dix premiers. Mais les numéros de prestidigitateur de Thomas Voeckler et Richard Virenque ont captivé toute l'attention du public. C'est fou comme les cyclistes sont capables de rentrer dans le cœur des gens. Pas tous, cependant. Lance Armstrong reste plus efficace que populaire. Mais en sa qualité de recordman absolu, il convient de lui tirer son chapeau, et si une colombe en sort, elle ressemble sûrement à un Paolo Bettini vêtu de blanc et affichant les anneaux olympiques et les lauriers de la Coupe du monde.

Deux champions du monde de contre-la-montre la même année : le vrai, c'est Michael Rogers.

Sur le fil, il a battu Davide Rebellin, auteur lui aussi d'un triplé record, au printemps. Mais il n'y aura plus de Coupe du monde. La seizième édition est la dernière car en créant le Pro Tour, l'UCI a balayé son challenge par points fondé sur les classiques. Pourtant, voilà quinze ans, les instances dirigeantes mondiales croyaient détenir la clé de l'internationalisation et le contrepoids idéal à l'omnipotence du Tour de France dans le calendrier. L'activité allait se déplacer au Canada, au Japon, et les projets ne manquaient pas, mais comme on revient toujours aux bonnes recettes d'antan, la Coupe du monde s'est recentrée au fil du temps sur les monuments légués par l'Histoire. Elle a vite perdu son sponsor, Perrier ; elle n'a jamais tenu le pari d'obliger chaque chaîne de télévision désireuse de diffuser une course à en faire de même pour toutes les autres.

Réunir les stars du moment, régulièrement, sur des terrains différents, c'est la quadrature du cercle que le sport cycliste tente de résoudre depuis des lustres. L'idée fondatrice de la dernière réforme en date, appelée UCI Pro Tour, consiste à regrouper les meilleurs coureurs dans les meilleures équipes pour participer aux plus grandes courses. L'inspiration vient du tennis, où les tournois du Grand Chelem et les Master Series permettent de voir à l'œuvre, en permanence, les joueurs les plus connus ; de la Formule 1 où l'on ne se demande pas où s'entraîne Schumacher pendant que Barrichello court ; des sports US où les équipes sont assurées de garder leur place par le biais d'une franchise dans une ligue fermée. Il y a sûrement des bonnes formules à copier

Le grand projet de l'UCI Pro Tour s'est révélé tenir du petit commerce

dans les autres sports, mais à force de compromis, l'UCI est arrivée à édicter un Pro Tour où les dates des épreuves phares continuent de se chevaucher, où les stars du vélo peuvent toujours s'octroyer un volume exagéré de RTT (en compétition), où les grandes et les petites équipes sont encore susceptibles de concourir sur le même terrain sans que le grand public comprenne l'objectif recherché.
À force d'être trop pour son Pro Tour, Hein Verbruggen s'est un peu emmêlé les pinceaux entre l'évolution de la bonne marche du cyclisme et son propre calendrier, lié à ses ambitions olympiques personnelles en remplacement de la présidence de l'UCI qu'il cédera à l'Irlandais Pat McQuaid en septembre 2005, a-t-il annoncé sans attendre le verdict d'un vote. Du coup, il s'est offert un clash avec les organisateurs qu'il tentait de ponctionner, sans que, du reste, soit indiqué dans quel portefeuille et dans quel but serait affectée la récolte des paiements de licences par les équipes et les organisateurs. Le grand projet de rénovation s'est tout bonnement révélé tenir du petit commerce.

Millar, triste symbole

Il a achoppé sur le sujet ô combien sensible des droits de retransmission télévisés que l'UCI tentait de détourner des caisses où, historiquement, ils trouvaient place, à savoir celle des organisateurs de Grands Tours. Mais en allant plus vite que la musique, Verbruggen a vendu aux sponsors un projet qui n'en est pas un dans la mesure où il a trop dévié de son objectif initial : une meilleure lisibilité du sport cycliste.
Et puis, le thème sensible de l'éthique est également pomme de discorde entre l'UCI et les organisateurs. Verbruggen accepte de transiger mais en adoptant un autre terme : code de bonne conduite. Dans tous les cas, soyons clairs : il s'agit du dopage. Si un problème n'est pas résolu, en dépit des avancées profondes de la science en matière de détection, c'est bien celui-là. On n'a encore rien trouvé de mieux que des douaniers et des policiers pour faire tomber un pan de l'équipe Cofidis, qui avait entraîné dans ses dérives le symbole du cyclisme moderne, David Millar. Philippe Gaumont et Jesus Manzano sont les autres héros d'art dramatique de la programmation de printemps, passant au révélateur le dopage par transfusion sanguine. C'est à ce petit jeu que Tyler Hamilton usurpait son monde, un contrôle antidopage a mis fin à cette mauvaise plaisanterie. Le cyclisme reste donc toujours en quête d'absolu...

En début d'année, le faux champion du monde David Millar parade en arc-en-ciel. Pauvre cyclisme...

LA MORT DE MARCO PANTANI

Reflet d'une époque

La saison 2004 s'ouvre avec la mort, misérable, de Marco Pantani et se referme avec le départ à la retraite, en musique, de Richard Virenque. Contraste. L'Italien a fini drogué et isolé, le Français quitte les pelotons apparemment en bonne santé, manifestement heureux et équilibré auprès de son épouse et de ses deux enfants. Entre les deux anciennes gloires des cimes, Frank Vandenbroucke ne cesse de défrayer la chronique par ses interruptions de programme sportif, ses errements, ses déboires matrimoniaux, carabine en main. Et avant Pantani, un autre grimpeur est décédé en Espagne : « El Chaba » José Maria Jimenez, idole de la Vuelta, s'est éteint en décembre d'une crise cardiaque. Détruit par la drogue, il fréquentait les hôpitaux psychiatriques. À l'issue d'une saison 2003 qui a vu quatre coureurs en activité disparaître, Denis Zanette, Andreï Kivilev, Fabrice Salanson et Lauri Aus, c'est tout juste si la chronique a relevé le décès, aux alentours de Noël, du Néerlandais Michel Zanoli, ancien champion du monde junior, lui aussi égaré dans les méandres d'une carrière ratée.

C'était donc ça, le cyclisme des années 1990 ? Un sport gangrené par l'intervention des vrais ou faux médecins, et des dérives menant du dopage à la cocaïne, puis à la dépression. De la gloire à la déchéance.

Cliniquement, Marco Pantani est mort le 14 février 2004, à 34 ans, sur le canapé d'une chambre d'hôtel, à la résidence Les Roses de Rimini. À terre, gisaient aussi des médicaments, des anxiolytiques, des pilules contraceptives pour femme, et des feuilles de papier chiffonnées sur lesquelles il avait tenté à plusieurs reprises de griffonner ses dernières jérémiades, avec, comme d'ordinaire, le thème de l'incompris. À croire son entourage et ses biographes, Marco Pantani, en réalité, a quitté ce monde le 5 juin 1999, à Madonna di Campiglio, soit l'endroit où les contrôleurs de l'UCI ont prélevé son sang impur à l'hématocrite trop élevé. Éjecté du Giro un jour de visite du président Hein Verbruggen, il a crié au complot. L'édition de cette année-là du *Livre d'Or du Cyclisme* titrait à ce sujet : « Mort rose. »

Dans le regard de Pantani, la mélancolie.

La morosité est encore plus palpable a posteriori. Elle concerne, au-delà du cas particulier du grimpeur romagnol, l'ensemble du sport cycliste qui s'était trop empressé à saluer en 1998 le sauveur du Tour. En mettant un terme à trente-trois années d'insuccès italien, Pantani n'a pas gagné n'importe quel Tour de France : celui de l'affaire Festina. Personnage doté de capacités de réflexion supérieures à la moyenne, il avait compris, du reste, que ce n'était pas la meilleure année pour succéder à Felice Gimondi. Quel dommage qu'il n'ait pas saisi, à travers son expérience de terrain, que le cyclisme, débusqué par les douaniers, les policiers et les juges, devait absolument tourner la page du dopage, du moins des produits lourds et des pratiques généralisées.
En 2004, six ans après le scandale absolu, a-t-on du reste pris conscience de la réalité de la situation ? Est-il judicieux, de la part des organisateurs d'événements, de multiplier les hommages à Marco Pantani en inventant des ascensions de cols à son nom ? N'est-ce pas en célébrant les morts du dopage, directs et indirects, que la plus mauvaise des traditions cyclistes a les meilleures chances de se perpétuer ? Plus de trente-cinq ans après la tragédie du Ventoux, la légende de Tom Simpson ne cesse de se développer. Et quelque part, cela revient à une apologie des amphétamines. Vivre jeune, mourir vite : c'est une manière, à la Jim Morrison, de concevoir son passage sur terre.
Est-ce pour autant un mythe à entretenir ? Il n'est pas certain que la déchéance de Marco Pantani servira d'exemple pour les générations futures. Plus vraisemblablement, elle excitera l'imagination des écrivains. Par la dimension de son histoire, le Pirate rejoint Fausto Coppi qui était certes le « campionissimo », l'homme seul au commandement, mais aussi celui qui avouait prendre « la bomba ». Évidemment qu'ils étaient beaux, les démarrages fulgurants de Pantani en montagne, c'est vrai que le public a vibré au rythme de ses exploits, et que même les journalistes l'applaudissaient – détail rarissime – quand il se présentait en conférence de presse, mais ses faits d'armes doivent aujourd'hui être revisités à travers la lorgnette de ce que fut le cyclisme des années 1990 : une triste réalité sans grande signification sportive.

En 1998, on a cru voir en lui le sauveur du Tour de France. Ce n'était pas le cas.

Est-il judicieux, de la part des organisateurs, de multiplier les hommages à Marco Pantani ?

Bouquet final

La saison débute à Adelaïde dans un décor magnifique mais trop chaud pour Lance Armstrong selon les Australiens.

Le Jacob's Creek Tour Down Under pourrait aussi bien s'appeler le « O'Grady Tour » s'il ne tenait pas son appellation du sponsor principal, un producteur de vins qui inonde désormais le marché mondial. La course est née en 1999 à l'initiative de la ville d'Adelaïde et du gouvernement d'Australie-Méridionale sur la base de la popularité naissante de l'enfant du pays, Stuart O'Grady. Tout, ici, est à son effigie lorsqu'il s'agit de cyclisme sur route. Seulement voilà, il a signé pour une équipe, Cofidis, qui refuse de se déplacer aux antipodes pour débuter la saison, à l'inverse de son ancien employeur, le Crédit Agricole.

Un Jacob's Creek Tour Down Under sans lui, c'est comme un Tour de France qui partirait sans Lance Armstrong. Avant le départ, l'Australie cycliste se prend à rêver d'un succès local de Bradley McGee, dont le prologue victorieux du Tour 2003 sous la tour Eiffel a percé le cœur des fans. Le leader de la Fdjeux.com sort d'une intersaison studieuse. Deux jours plus tôt, il caressait les pédales dans le championnat d'Australie remporté par son fidèle équipier Matt Wilson. Mais Marc Madiot se présente sur la ligne de départ, devant les anciennes halles d'Adelaïde, avec un coureur en moins : McGee est calfeutré dans sa chambre d'hôtel, souffrant le martyre d'une crise d'hémorroïdes.

Là où l'on attendait la vague montante du cyclisme australien, on retrouve les vieux de la vieille. Ce cyclisme tout neuf, qui comptait tout juste cinq professionnels il y a dix ans contre quarante aujourd'hui, a aussi ses stars en bout de course. Au lendemain d'un premier succès de Robbie McEwen dans le critérium inaugural, Patrick Jonker se dégage dans Checker Hill.

Celui-là, c'est un parfait mercenaire du vélo. Tantôt australien, tantôt néerlandais selon l'intérêt

de ses employeurs, il est, comme O'Grady, un enfant d'Adelaïde. Il a couru pour Novémail, la ONCE, Rabobank, US Postal, BigMat et même Van Hemert Groep pour finir dans l'anonymat. Il a terminé 12e d'un Tour de France, gagné peu de courses (cinq en dix ans), et « fourgué » quelques-unes en comptabilisant les points UCI et les dollars en même temps. À bientôt 35 ans, il a décidé d'en rester là et de boucler la boucle.

Jonker finit fort

Leader d'une équipe régionale d'Australie-Méridionale appelée UniSA, il a bien préparé sa dernière compétition. Il tire un bénéfice total d'une échappée menée en compagnie d'Alain van Katwijk, un Hollandais dont le père et les oncles ont fait la gloire de l'équipe Ti-Raleigh des années 1970, et d'un néo-pro australien tout juste engagé par Tenax, en Italie. C'est lui, David McPartland, inscrit de dernière minute dans la sélection nationale, qui devance Jonker au sprint dans le charmant village fleuri de Kapunda.
McPartland doit vite céder la tunique jaune à Jonker, qui ne la lâche plus par la suite. À Victor Harbour, le prodige belge de la Fdjeux.com, Philippe Gilbert, déjà porteur du maillot de meilleur jeune, surprend les autres membres de l'échappée en contrant Gene Bates, un autre espoir local. Dans l'étape clé de Willunga, qui mène traditionnellement les coureurs à la plage dans un décor paradisiaque, Jonker maîtrise la situation alors que se dégagent les quinze ténors de l'épreuve, parmi lesquels Robbie McEwen, Baden Cooke, Allan Davis, Giuliano Figueras, Philippe Gilbert, Simon Gerrans, Nicolas Portal et Alexandre Botcharov. Un rouleur les surprend : Ben Day, qui s'impose en solitaire.
Le Jacob's Creek Tour Down Under s'achève par un sprint royal signé Cooke. Adelaïde est en liesse. Le public, qui se compte par dizaines de milliers de spectateurs, célèbre Jonker à la folie. Retraité au lendemain d'une victoire par étapes, c'est unique dans les annales. Et privé de son fils chéri, l'événement est encore plus grand ! Cette course a donc une vie après O'Grady, qui se prépare tranquillement à effectuer sa meilleure saison en Europe...

Philippe Gilbert partage avec son coéquipier Baden Cooke la route du succès en Australie.

Pro Tour du monde...

Au démarrage de la saison 2004, c'est-à-dire dans l'hémisphère Sud selon un mode de fonctionnement intelligent pour le cyclisme qui n'est pas à proprement parler un sport d'hiver, les supputations tournent autour de la mise en place du futur UCI Pro Tour. Petit à petit, l'instance suprême dévoile ses batteries. Il faut toutefois se rendre en Malaisie pour comprendre que le cyclisme mondial a décidé de se recentrer sur l'Europe : il n'y aura, dans le futur circuit de haut niveau, que des épreuves du vieux continent.

Hein Verbruggen prônait pourtant l'internationalisation depuis quinze ans. Il se heurte toutefois aux groupes de lobby ringards qui rêvent d'un cyclisme copié sur la Formule 1, mais refusent de concevoir leur sport prêchant la bonne parole tout autour de la planète en débutant leur tournée, comme les bolides rouges, en Australie puis en Malaisie.

Ces pays-là ne rechignent pas à délier leur bourse pour accueillir pilotes et cyclistes dans des conditions extrêmement favorables. Le Tour Down Under et le Tour de Langkawi sont des événements aussi bien organisés que le Tour de France, le gigantisme en moins. Ils sont jeunes, nés l'un en 1999, l'autre en 1996. Ils ne demandent qu'à grandir, qu'importe le coût de l'opération, mais voilà que leurs promoteurs découvrent que ce qui est possible en Formule 1 ne le sera jamais en cyclisme : là où Michael Schumacher écrit les plus belles lignes de son palmarès, Lance Armstrong et ses successeurs ne se déplaceront jamais ! Dès lors, les organisateurs australiens et malaisiens doivent se contenter d'aligner des formations italiennes ou américaines de seconde zone, et quasiment aucun coureur du Tour de France. Pourtant, le cadre est enchanteur et les parcours variés. Au terme de la deuxième étape du Tour de Langkawi, le peloton serpente dans les Cameron Highlands où des populations aborigènes cultivent le thé. À Tanah Rata, dans les nuages, un duo colombien se distingue, formé de Marlon Perez et Freddy Gonzalez. « Nous avons l'avantage d'avoir déjà une course par étapes dans

Les grimpeurs colombiens de Gianni Savio s'accommodent bien des somptueux décors asiatiques.

Le Brésilien Pagliarini est populaire en Malaisie.

Le vélo sous toutes ses formes à Malacca.

Les écoles musulmanes sont de sortie pour le Tour.

Au zoo de Kuala Lumpur, les cyclistes serpentent…

les jambes : le Tour de Tachira, au Venezuela », s'excusent-ils.

De nos jours, les saisons des coureurs sont disparates. Ceux qui viennent d'Afrique du Sud ou d'Australie paraissent en meilleure condition que les Européens. Pas étonnant, dès que la chaleur rythme la vie du peloton, de voir les grands rouleurs des antipodes s'offrir des victoires d'étapes : Brett Lancaster, puis Sean Sullivan. Sur chute, Perez, un ancien grand espoir qui a manqué de sérieux à son passage chez les pros, cède la tunique jaune à Gonzalez, mais la reprend à l'occasion du contre-la-montre disputé dans la ville historique de Malacca.

Le Tour de Langkawi est tellement animé qu'au départ de la sixième étape, les suiveurs commencent à se languir des fabuleux sprints massifs qui ont fait la force des précédentes éditions. À Johor Bahru, la ville du sud qui regarde Singapour, la tradition est renouée avec un rush magnifique d'Ivan Quaranta. L'Italien devance Luciano Pagliarini, mais le Brésilien arrache sa revanche deux jours durant. Il est magistral devant la mosquée nationale de Shah Alam, si bien qu'il se prend à rêver d'un triomphe à San Remo. « Peut-être pas cette année, mais un jour, mon tour viendra », prévient ce champion de la sympathie.

Gianni Savio, l'élégant manager de l'équipe Colombia-Selle Italia, s'ingénie à convaincre Perez qu'il n'y a pas de raison pour qu'il soit protégé dans la montée de Genting Highlands. L'ambition individuelle doit s'effacer devant le collectif ; du reste, la hiérarchie se clarifie rapidement avec l'échappée, dans la terrible montée, de Ruber Marin et Freddy Gonzalez, qui se partagent l'étape et le général. Au classement, Dave Bruylandts apparaît en troisième position, mais l'UCI l'a à l'œil. Dans toutes les courses, et même chez lui, il n'échappe pas à des contrôles antidopage. Il finit par tomber, positif à l'EPO.

Plus encore que la réorganisation du cyclisme d'élite, en Europe ou ailleurs, la priorité doit demeurer la chasse aux tricheurs.

Freddy Gonzalez joue avec un singe en été.

FÉVRIER

Armstrong parle portugais

Le cyclisme s'installe partout, désormais. Au Qatar, royaume des pétrodollars qui font la richesse des sportifs et promoteurs occidentaux, la course a aussi droit de cité dans le désert. Le Sud-Africain Robert Hunter remporte deux étapes et le général.
Traditionnellement, les sprinters sont à la fête en début de saison. Baden Cooke revient en France, en fanfare, au Grand Prix de La Marseillaise, Tom Steels, Jaan Kirsipuu et Thor Hushovd se régalent à l'Étoile de Bessèges où Laurent Brochard, 36 ans, rappelle qu'il est encore et toujours le meilleur Français.
Lance Armstrong fait sa rentrée au Portugal, pays de son nouvel équipier José Azevedo qui a remplacé in extremis Roberto Heras. Pour honorer la course de sa présence, l'Américain a réclamé un contre-la-montre à l'organisateur. Il le gagne, puis offre le général à son aide de camp Floyd Landis.
Les jolies courses d'un jour de fin février sourient à Marc Lotz (Tour du Haut-Var), Thor Hushovd à nouveau (Classic Haribo), Frédéric Bessy (GP de Lugano) et Jérôme Pineau (Clasica Almeria), qui apportent du baume au cœur de La Boulangère, déstabilisée par l'arrivée de Joseba Beloki.

Les chameaux et leurs bébés sont maintenant habitués au spectacle des cyclistes au Qatar.

D'emblée, Robert Hunter gagne dans le désert.

Débuts européens tonitruants pour Cooke à La Marseillaise.

Floyd Landis reçoit un cadeau d'Armstrong : le Tour d'Algarve au Portugal.

Hushovd commence par se goinfrer de bonbons Haribo.

Pineau-Voeckler : une complicité née à Almeria en février.

Bessy et Moncoutié signent un doublé rare à Lugano.

MARS

Bettini fait son nid

L'Espagne est secouée par les révélations de Jesus Manzano, ancien coureur de Kelme qui a failli mourir sur la route du Tour de France 2003. Le dopage n'est plus tabou dans un pays qui liquide son Premier ministre et réclame la vérité aux gouvernants. Mais cela ne perturbe pas le caïd, Alejandro Valverde, lui aussi membre de la Kelme, doyenne agonisante. Il domine le Tour de Murcie.
En Italie, la course des Deux Mers met aux prises les rapides du Sud. Paolo Bettini devance Oscar Freire, Erik Zabel et le champion du monde Igor Astarloa, qui ne s'attend pas à devoir rapidement quitter sa nouvelle équipe, Cofidis, sur fond de révélations stupéfiantes.
La France a pourtant le sens de l'hospitalité. Elle s'offre à l'Estonien Erki Pütsep (Classic Loire-Atlantique), au Suédois Petter Renäng (Paris-Barentin), au Belge Bert de Waele (Cholet-Pays de Loire), au prodige néerlandais Thomas Dekker (Tour de Normandie) et à l'Allemand Jens Voigt (Critérium international) que l'on croyait sur le déclin et qui retrouve une nouvelle jeunesse, comme tous les coureurs quittant le Crédit Agricole.

Valverde, insatiable à Murcie.

Bettini domine Tirreno-Adriatico à domicile.

Renäng s'affirme à Paris-Barentin.

Succès pluvieux pour Pütsep en Loire-Atlantique.

De Waele surprend les Français à Cholet.

Nazon chasse dans les Ardennes. Impérial !

Voigt écrase le Critérium international.

PARIS-NICE

Contre son camp

Les saisons cyclistes battent toujours au rythme du dopage. Les affaires éclatent, soit pendant le Tour de France, soit au printemps. L'automne venu, on met un couvercle par-dessus. En janvier, on croit, de l'autre côté de la planète ou aux abords de la Méditerranée, retrouver la bonne atmosphère légendaire du vélo, mais Paris-Nice sonne le glas de la version du conte de fées. Il en va ainsi, sans discontinuer, depuis 1998.

Pas besoin d'être grand clerc pour comprendre, au départ de la Course au Soleil, que Bjarne Riis a reproduit, sous la bannière de CSC, un remake de la trop fameuse Gewiss où il militait en qualité de coureur dix ans plus tôt. C'était l'époque du triplé de la Flèche wallonne (Argentin, Berzin, Furlan) et des équipes dont le principal décideur était le médecin et non le directeur sportif. Sous la férule du Dr Luigi Cecchini, Riis, le rouleur besogneux, était devenu un grimpeur magique.

Qui retrouve-t-on au centre de tous les plans de CSC ? Le Dr Cecchini, à l'évidence très influent dans le recrutement.

Pour expliquer ses progrès ahurissants lors de son passage de France en Italie, Riis, coureur, soutenait que seul de ce côté-là des Alpes on savait s'entraîner. La véridique histoire a enseigné depuis lors qu'il y avait aussi beaucoup d'EPO, entre autres, dans les méthodes de préparation transalpine. Que prétend Riis, directeur sportif, aujourd'hui ? Que « personne ne s'entraîne comme nous ». En Toscane...

Faut-il, à la lumière du passé, que le Danois s'étonne des suspicions qui, fatalement, entourent les performances de son groupe quand tous ses coureurs, néo-pro compris, éclaboussent le reste du peloton à la faveur d'une bordure lancée dans la plaine, sur la route de Montargis ? Vainqueur du prologue, Jörg Jaksche consolide ainsi sa posi-

La Course au Soleil affronte la neige pendant que l'équipe CSC souffle la tempête.

tion de leader, mais la victoire d'étape du philosophe espagnol Pedro Horrillo dégage plus de sympathie que le rouleau-compresseur de CSC. Chez Polti, Telekom et à la ONCE, Jaksche, confiné à des tâches obscures au service de grands leaders, n'a pu jusqu'alors exploiter son grand talent. « Il est trop fort en ce moment pour être battu », lâche Frank Vandenbroucke qui, pourtant, ne ménage pas l'Allemand. Assiste-t-on à un énième retour au sommet de l'enfant terrible du cyclisme belge ? « Dans ma reconstruction, je pense m'en sortir assez bien par rapport à des gens comme José Maria Jimenez ou Marco Pantani », confie-t-il à Lionel Chami dans *Le Parisien*. VDB est toujours en vie et encore coureur – avant de se brouiller avec la Fassa Bortolo comme ses précédents employeurs –, mais sa présence n'est pas ce qu'il y a de plus rassurant pour la bonne marche du sport cycliste.

Alexandre Vinokourov, double vainqueur sortant de Paris-Nice, prend son parti de la supériorité des CSC et se console en enchaînant les succès d'étapes. Il prévoyait de l'emporter à Gap, le jour de l'anniversaire de la mort tragique de son ami Andrei Kivilev, mais il trouve l'ouverture la veille, au milieu des vignes de Rasteau, dans le Vaucluse, et le lendemain, à Cannes, et encore le surlendemain, à Nice, où il devance Denis Menchov, l'auteur de l'intermède dans les Hautes-Alpes.

Pendant ce temps, comme souvent au cours de cette semaine cruciale, les Français se plaignent. Leur nouvelle marotte, pour expliquer leurs contre-performances, concerne leurs masseurs, qui n'ont plus le droit de s'occuper d'eux depuis que le ministre des Sports, Jean-François Lamour, a tapé du poing sur la table et exigé, comme les équipes en avaient pris l'engagement en 1999, que les actes médicaux soient pratiqués par des professionnels diplômés, en l'occurrence des kinésithérapeutes. L'ancien champion olympique d'escrime sait que le monde du cyclisme souffre, encore et toujours, de sa « consanguinité » et de son entourage culturellement peu recommandable.

Prologue parfait pour Jörg Jaksche.

Pedro Horrillo, cycliste et philosophe, gagne à Montargis.

Trois victoires et l'accueil de Madame sur la Côte d'Azur pour Vinokourov.

Pendant que les Français dépriment, Jaksche rigole...

MILAN-SAN REMO

Au bal des étourdis

À quoi tient une victoire dans une grande classique ? À quoi tient une ligne dans un palmarès où un seul autre Espagnol, Miguel Poblet, 35 ans plus tôt, figurait jusqu'-alors ? À 17 centimètres bien comptés, qui représentent 11 millièmes de seconde ! Le tout après 294 kilomètres de course. C'est dans un final étourdissant que se concentre toute la dramatique de Milan-San Remo, épreuve on ne peut plus « classique », remportée pour la première fois par Oscar Freire alors que le quadruple vainqueur de la Primavera, Erik Zabel, a levé les bras en signe de triomphe. Trop tôt.

Dialogue sur la ligne d'arrivée :

« Oscar, tu as gagné la San Remo.

– Je ne sais pas...

– Tu as gagné.

– Je ne le sais pas encore...

– Tu as gagné.

– Vous êtes sûrs ?

– Tu as gagné, c'est officiel.

– Ça m'est déjà arrivé d'exulter et de passer ensuite pour un imbécile. »

L'Espagnol a aussi en mémoire des faits similaires qui se sont retournés en sa faveur. Comme cette étape de Tirreno-Adriatico, en 2003, où il s'était faufilé pour venir sauter sur la ligne un Mario Cipollini royal, les mains au ciel, dans sa tenue de champion du monde.

Comme les accidents, ça n'arrive pas qu'aux autres. Même les sprinters les plus expérimentés sont à la merci d'une exaltation précoce, par mégarde ou excès de confiance. À quoi pense Zabel lorsque son instinct lui dicte de lâcher les mains du guidon ? Sûrement aux deux éditions précédentes de la « classicissima », synonymes d'interruption de son règne au profit des stars italiennes, Mario Cipollini et Paolo Bettini. Il se dit qu'à 33 ans, il a encore un sprint gagnant dans les jambes.

Il songe aussi à tout se qui s'est passé, au cours des 293 kilomètres et demi précédents. Les événements tournent en sa faveur : la traditionnelle échappée de 200 kilomètres animée notamment par le jeune Français Nicolas Portal, l'empressement de Bettini à allonger le peloton dès le pied de la Cipressa, où Cipollini entend le chant du

cygne avant que Mirko Celestino, un enfant du pays, originaire de cette magnifique côte ligure, se lance corps et âme dans la descente. Zabel a aussi une pensée obsessionnelle pour Alessandro Petacchi. L'Italien, triple vainqueur sur la Tirreno-Adriatico et sprinter le plus en vue du moment depuis qu'il s'est adjugé 15 victoires d'étapes partagées entre les trois grands Tours en 2003, bénéficie d'une terrifiante équipe Fassa Bortolo à son service. Dans les rues de San Remo aussi, elle lui ouvre merveilleusement la route. Les trois derniers wagons du train s'appellent Fabio Sacchi, Marco Velo et Guido Trenti.
294 kilomètres, est-ce de trop pour Petacchi ? À 30 mètres du but, ses jambes le lâchent. Il reste sans force. « J'avais oublié que les rues de San Remo étaient en légère montée », dit-il. Un autre élément contraire apparaît en bout de course : le vent de face. Freire l'a bien senti : il convient de rester couvert jusqu'au dernier moment. Zabel jubile de doubler Petacchi, alors placé à sa gauche, l'euphorie l'envahit. Mais c'est en déployant ses bras qu'il se plaque contre le vent et reçoit un coup de frein en oubliant le petit lutin qui déboule sur sa droite. Le numéro 1 mondial a l'air d'un clown. Zabel, toutefois, possède cette qualité humaine qui n'est pas à proprement parler germanique : il est capable de rire de lui-même. Ce n'est pas un enragé que l'on rencontre sur la Via Roma dans les minutes qui suivent. Il sourit. « Ce sont des choses qui arrivent, philosophe-t-il. Je ne suis pas déçu, je reviendrai pour gagner. J'avais pris le parti de marquer Petacchi et j'ai oublié Freire. » Il avait une bonne raison pour ça : l'Espagnol de Rabobank figure souvent aux abonnés absents. Depuis son premier titre mondial, à Vérone, en 1999, jamais il n'avait remporté de grande classique alors que c'est à l'évidence son domaine de prédilection. Mais le gentil Oscar a souvent un problème. C'est aussi un dilettante, il ne passe pas pour un modèle de champion appliqué. Quatre mois avant Milan-San Remo, quand ses rivaux remontaient en selle pour préparer le premier grand rendez-vous de l'année, il visitait les parcs animaliers d'Afrique du Sud avec sa fiancée, Laura. Oscar Freire, c'est le champion de la simplicité. Il ressurgit quand on ne l'attend plus. Mais il avait fini par se coller une étiquette de coureur d'un seul jour dans l'année, mais pas n'importe quel jour : celui du championnat du monde. Toutefois, on n'enfile pas à tous les coups le maillot arc-en-ciel. Une inversion des rôles est pour lui la bienvenue : sur la Via Roma, il réussit à faire passer, dans son jardin, le coureur le plus régulier de son époque, pour un étourdi.

Nicolas Portal, un Français d'avenir, anime la « classicissima ».

Le vainqueur n'est pas celui qui lève les bras, mais le petit malin à sa droite.

Carbonade flamande

Il peut toujours y avoir un dernier après le dernier, dans la mesure où rien n'est définitif tant qu'un palmarès n'est pas clos. Le jour du dernier Tour des Flandres de l'actuel « dernier des Flandriens », s'éteint l'ancien « dernier des Flandriens ». Le surnom fut donné à Briek Schotte, vainqueur de l'épreuve en 1942 et 1948. Si les Flamands sont les gens de la Flandre, le terme de « Flandrien », selon un néologisme purement cycliste, désigne une catégorie de Flamands durs au mal, capables de rouler par tous les temps, sur toutes les routes, cimentées ou pavées, sans prendre le soin d'enfiler les protections élémentaires. « Flandrien », c'est plus un état d'esprit qu'une origine géographique. Même au passage au XXIe siècle, malgré le confort et la modernité désormais accessibles à tous les Belges, Johan Museeuw s'inscrit dans la pure tradition de Briek Schotte, dont on apprend le décès, à l'hôpital de Courtrai, au matin de sa course preférée. Il avait 84 ans. Comme quoi le cyclisme, même pratiqué dans sa forme la plus brutale, ne détruit pas forcément son homme à l'âge de Marco Pantani ou José Maria Jimenez.

Chez les « Flandriens », il règne aussi un climat permanent de suspicion. D'un an sur l'autre, les règlements de comptes s'enchaînent. Les deux Belgiques, Flandre et Wallonie, aiment toujours Frank Vandenbroucke, mais se demandent quelle est la part de vérité dans l'hypothèse selon laquelle il aurait trahi son équipe Quick Step en vendant le Tour des Flandres 2003 à Peter van Petegem. Est-ce une rumeur alimentée par le « parrain » local Patrick Lefévère ? En tout cas, entre Quick Step et Lotto, la guerre est à couteaux tirés. Leif Hoste et Thierry Marichal, les représentants de la loterie nationale, apportent à leur formation une visibilité supérieure, comparativement au seul Stefano Zanini, dans le groupe d'échappés de 26 coureurs qui se forme dès le kilomètre 19 sous l'effet des bordures dans les parages de la mer du Nord. Comme la course tarde à se décanter, y compris dans le secteur des monts, le vétéran Ludo Dierckxsens effectue en solitaire un rapprochement ahurissant avec les rescapés du groupe de tête, à 38 kilomètres de l'arrivée.

En définitive, il revient aux Quick Step d'opérer un regroupement d'une quarantaine de coureurs au pied du mur de Grammont. C'est là où la Flandre retient son souffle : Museeuw ou Van Petegem ? En vérité, ni l'un ni l'autre ne possède la condition idéale en ce jour de grand-messe régionaliste où les drapeaux jaunes frappés du lion des Flandres semblent aussi nombreux que les

Le drapeau frappé du Lion et le vétéran Ludo Dierckxsens sont les symboles du Tour des Flandres.

L'état d'urgence est décrété dans le peloton, avant la bagarre…

Oscar Freire a du nez, mais l'échappée part sans lui.

Matt Wilson, un champion d'Australie au travail.

VDB, toujours controversé.

Wesemann est plus rapide que Hoste.

spectateurs massés au bord de la chaussée. La richesse du cyclisme flamand est telle que, en cas de faillite des idoles, il reste toujours des coureurs de l'ombre pour assurer le relais. À l'inverse de Museeuw et Van Petegem, Leif Hoste, obscur équipier de Lotto après avoir suivi ses gammes chez Vlaanderen, tient la forme de sa vie. En dépit des efforts fournis dans l'échappée matinale, il est encore vaillant lorsque l'Allemand Steffen Wesemann secoue le peloton dans le Mur. Les deux hommes sont accompagnés de ce diable de Dave Bruylandts, qui se croit tout permis.

Va-t-on vers l'alliance de deux Flamands contre un Allemand ? Impossible. Les patrons des équipes Lotto et Chocolat Jacques se haïssent trop. Le vent, favorable pour tout le monde en haut du Bosberg, empêche le retour de Leon van Bon, l'autre Lotto que Leif Hoste n'attend pas, Frik Dekker et Andreas Klier qui, lui, joue le jeu de son coéquipier Wesemann. Dans les rues de Meerbeke, quand Bruylandts attaque, c'est Hoste qui va le chercher. « Est-il à la solde des Allemands ? » s'interrogent, incorrigibles, les supporters flamands. Wesemann, 33 ans, vieux guerrier des classiques, déjà 2ᵉ de Paris-Roubaix en 2002, s'adjuge la victoire. Carbonisé par l'effort, Museeuw, seulement 15ᵉ, ne remporte pas son quatrième Tour des Flandres, mais il sait que son peuple et son équipe tiennent en Tom Boonen un prochain « dernier des Flandriens ».

Comme un gant

Flecha, Hincapie, Kirsipuu, Goussev, Casper et Backstedt se rendent à l'évidence : la star, c'est Boonen !

Les champions, parfois, s'adonnent à un tour d'honneur en forme de tournée des critériums où l'enjeu sportif est nul, seul compte l'aspect populaire. Ils disent ainsi adieu au public qui les a soutenus et s'offrent une sortie en douceur. Johan Museeuw n'a pas choisi la facilité en donnant ses derniers coups de pédale pendant la période des classiques alors que son manager, Patrick Lefévère, plaidait pour un arrêt au stand en fin d'année 2003. Cependant, il s'agit pour lui d'effacer un malentendu.

Il ne voulait pas quitter le cyclisme avec l'image d'un vulgaire consommateur de produits douteux. Au crépuscule de sa carrière, il s'est retrouvé mêlé à un trafic impliquant un vétérinaire et d'autres coureurs flamands. Mais son peuple de supporters ne s'arrête pas à ce genre d'affaires. Partout, des fanfares accompagnent ses faits et gestes alors qu'il reste ultraconcentré sur son métier de champion cycliste jusqu'à ce Grand Prix de l'Escaut où il a prévu de longue date de clôturer une carrière exceptionnelle.

Il clame maintenant haut et fort que Tom Boonen est son successeur, bien qu'il cite aussi parfois le Wallon de la Fdjeux.com, Philippe Gilbert, moins tapageur mais très prometteur lui aussi. Boonen avait débuté dans le peloton professionnel sous les couleurs de l'US Postal, terminant 3e en 2002 d'un Paris-Roubaix remporté par Museeuw, ce qui lui avait valu aussitôt le surnom de « lionceau » en référence au « lion des Flandres » que porte son aîné. Dans ses premières déclarations, Boonen s'était démarqué de Museeuw en indiquant qu'il entendait suivre sa propre route, mais il s'empressa de casser son contrat avec la formation américaine pour rejoindre le maître flandrien chez Quick Step.

Comment doit-il se comporter à présent, dans la mesure où Museeuw joue les prolongations ? En serviteur zélé ou en profiteur du marquage dont continue d'être l'objet le vétéran du cyclisme belge ? Chaque année, le mercredi, au départ de Gand-Wevelgem, les polémiques consécutives au Tour des Flandres trouvent leur prolongement, au moins dans les commentaires dont est friande une presse flamande qui traite autant du cyclisme à cette époque de l'année que les journaux français de football en pleine Coupe du monde. Cette fois, Patrick Lefévère reproche clairement à ses troupes de n'avoir pas mis tous ses œufs dans le panier de Boonen.

La controverse n'a plus cours sur les routes de Gand-Wevelgem. Le « petit Tom » reçoit un excellent soutien lorsqu'il crève au déclenchement de la grande bagarre juste avant le premier enchaînement du Monteberg et du Kemmel et, sur les huit Quick Step alignés au départ, sept prennent place dans la bonne échappée du jour, parmi lesquels Museeuw et Boonen. L'ancien et le nouveau.

Les conditions sont réunies pour une passation de pouvoir sous les meilleurs projecteurs du cyclisme flamand. La Vanackerstraat est en vue et quand Servais Knaven se relève avant la flamme rouge du dernier kilomètre, Boonen ne compte plus qu'un équipier pour lui emmener le sprint : Johan Museeuw ! C'est royal, d'autant que le vieux lion rugit jusqu'aux 400 mètres avant de s'effacer. Le jeune champion, dès lors, n'a pas le droit de se rater et il prouve à quel point il est capable de supporter la pression.

Son sprint est parfait. Sur la même ligne d'arrivée où il s'était affalé en 2003 en finissant 3e et butant contre les photographes, il est cette fois impeccable, bras au ciel. Ce triomphe qui lui va comme un gant éclipse la deuxième place de Magnus Backstedt. Dommage, mais le grand Suédois n'est pas loin de montrer au monde entier qu'il tient en ce printemps la meilleure condition de sa carrière. Troisième, Jaan Kirsipuu passe encore tout près de la consécration. Les classiques ont beau être affaire de Flamands, quelques beaux gabarits de grande expérience jouent également dans leur cour.

Surtout, ne jamais oublier ses bidons !

Johan Museeuw fait l'acrobate devant Hincapie et Boonen.

Le cyclo-cross est une bonne école pour les monts des Flandres.

PARIS-ROUBAIX

Géant du Nord

Changer d'équipe, c'est parfois positif pour un coureur cycliste. Surtout lorsqu'il s'agit de quitter le Crédit Agricole ! Les coureurs non conservés par Roger Legeay brillent de mille feux. Depuis le début de l'année, Jens Voigt et Bobby Julich retrouvent un second souffle dans les rangs de CSC, Magnus Backstedt, 2e de Gand-Wevelgem, reverdit sous les couleurs d'Alessio-Bianchi, et Stuart O'Grady, 3e de Milan-San Remo, est parti pour sa plus belle saison.

L'Australien, toutefois, n'est pas au départ de Paris-Roubaix, la course de ses rêves. Amateur, il avait rapporté d'Italie un magazine *Bicisport* traitant des classiques. Fin 1994, en Australie, il clamait : « Cette course est un mystère pour moi ! » Il s'enthousiasmait à l'idée de courir chez Gan aux côtés de « Duclosse » (Gilbert Duclos-Lassalle). Dix ans et presque autant de participations plus tard, contemplatif du joli gâchis de talent qu'ont représenté ses années au Crédit Agricole où ni son programme ni l'effectif de l'équipe n'étaient adaptés à ses ambitions dans les classiques de printemps, « Stuey » est invité à scruter l'Enfer du Nord dans son canapé.

Sa nouvelle équipe, Cofidis, ébranlée par une affaire Gaumont qui éclabousse désormais une bonne partie du groupe, du staff, ainsi que le leader David Millar, choisit de se mettre à l'écart de la compétition pendant un mois. Le temps d'une réflexion approfondie sur le dopage post-Festina. Tant pis si c'est le mois des classiques, tant pis pour Paris-Roubaix, dont l'arrivée jouxte le siège de la société de crédit par téléphone.

Relation de cause à effet ? Le public semble moins nombreux au bord des routes. Les irréductibles, cependant, conservent leur ferveur. Les gens du Nord, soucieux de l'accueil de l'étranger, sortent leurs « Géants », décorations de carnaval qui rappellent à quel point Paris-Roubaix n'est pas une épreuve pour les petits coureurs. Il faut, en plus du talent et du mental d'acier, du gabarit pour dompter le pavé.

Paris-Roubaix est affaire d'expérience et de courage. Le vieux Rolf Aldag est dur au mal.

Haut :
L'enchevêtrement de vélos est habituel dans la tranchée.

Bas gauche :
Tom Boonen est le successeur annoncé de Museeuw.

Bas droit :
Cette fois, Magnus Backstedt atteint la plénitude.

Leif Hoste confirme qu'il ne manque de rien. Sa deuxième place, surprenante, à l'arrivée du Tour des Flandres une semaine plus tôt, reçoit son prolongement dans les Flandres françaises. Il fait le forcing dans la tranchée d'Arenberg et cause de nombreux dégâts, éliminant notamment Frank Vandenbroucke et Andrea Tafi, ce dernier, ancien vainqueur à Roubaix, s'effaçant devant Backstedt au sein de l'équipe Alessio-Bianchi.

Une fois encore, les coureurs d'expérience, pour ne pas dire les vieux, sont les plus en évidence dès lors que l'enchaînement des secteurs pavés opère une sélection. Jaan Kirsipuu s'échappe à 60 kilomètres de l'arrivée. Son accélération suscite une réaction de Johan Museeuw. Le Lion des Flandres se sent des fourmis dans les jambes. Il hésite, toutefois, à livrer trop de cartouches, trop tôt. Franck Høj (CSC) et Leon van Bon (Lotto) leur succèdent en tête de course. Enfin, ça se décante.

Mais plus on avance, tranquillement, face au vent défavorable et moins il y a de Français aux avant-postes. Au vrai, il en reste deux en lice pour la victoire : Christophe Mengin et Frédéric Guesdon, les deux compères de la Fdjeux.com, qui partageaient le tout début des aventures de Marc Madiot comme directeur sportif, en 1997, pour la victoire surprise du Breton à l'époque où la Mapei semblait imbattable en ces lieux.

Hammond, la grosse cote de Mr Bookmaker

Mengin, peu perturbé par une chute pourtant spectaculaire, a le culot d'attaquer à Cysoing, soit à 26 kilomètres du vélodrome. Il voit rappliquer Tom Boonen, inspiré par sa victoire à Wevelgem, Juan Antonio Flecha, un Espagnol taillé pour les classiques (c'est rare !), et Leif Hoste, toujours là, qui crève l'écran lorsqu'un drapeau flamand se glisse dans ses rayons. Est-ce l'œuvre délibérée d'un fanatique ne lui pardonnant pas d'avoir crucifié Dave Bruylandts dans le final du Tour des Flandres et favorisé ainsi le succès de Steffen Wesemann ? Les supputations vont bon train de l'autre côté de la frontière belge...

George Hincapie prend le relais en tête avec Flecha, mais les favoris ne sont pas loin. Peter van Petegem, tout près d'avoir retrouvé sa forme de 2003 alors qu'il était encore un peu juste une semaine plus tôt, est prêt à l'action, mais il crève sur le secteur pavé n°4. Impossible pour lui de

Page de gauche

Haut : Le train postal s'arrête en gare d'Arenberg !

Milieu gauche : Numéro d'équilibriste pour Ivanov.

Milieu droit : Le pneu tient la route sur les pavés.

Bas : Images fortes… C'est la télé-réalité de Paris-Roubaix.

Page de droite

Haut : L'échappée finale, où Fabian Cancellara passe son relais à Tristan Hoffman, devant Backstedt et Hammond.

Bas gauche : Qui aurait parié sur la troisième place de Roger Hammond ? L'Anglais pleure la victoire manquée.

Bas droit : Victime d'une crevaison, Museeuw dit adieu à un dernier succès.

recoller avant le stratégique Carrefour de l'Arbre où cinq hommes se dégagent à 13 kilomètres de l'arrivée : Museeuw en personne, Backstedt, le champion de Grande-Bretagne Roger Hammond (Mr Bookmaker), Tristan Hoffman (CSC) et le jeune Fabian Cancellara (Fassa Bortolo), que l'on connaissait surtout pour ses qualités de rouleur contre la montre.

L'affaire paraît entendue. Dans ce lot, le vétéran belge, débarrassé de Van Petegem, est a priori imbattable. Ses jambes tournent rond, comme dans les grandes années. Il détaille la composition de l'échappée, constate qu'il n'y a « pas de grands favoris » et analyse en un coup d'œil qu'ils sont « tous un peu au bout du rouleau ». Il se risque à se convaincre lui-même qu'il a la victoire au bout des pédales quand, à 7 kilomètres de la ligne, il entend : « Pfff... » Il crève de la roue arrière.

C'est la deuxième fois dans sa carrière que cela lui arrive au même endroit, mais en 1996, année du centenaire de la soi-disant « reine des classiques », il fut attendu, sur ordre de Patrick Lefévère, par Tafi et Bortolami, pour conclure l'épopée dans la controverse que l'on sait. Les consignes de la Mapei pour les places à l'arrivée ne se discutaient pas... Ici, le surnombre n'est plus de mise.

Le plus rapide, c'est Backstedt !

Aucune raison pour que Backstedt, Hoffman, Cancellara et Hammond se relèvent afin de permettre au jubilaire de jouer la gagne, une quatrième et dernière fois.

C'est pour la cinquième place que Museeuw et Van Petegem, les amis et rivaux réunis dans la même douleur due à la crevaison, franchissent, main dans la main, la ligne d'arrivée du vélodrome, avec l'air désolé des chiens battus. Le rush final pour la victoire du 102e Paris-Roubaix se joue en fonction de la fraîcheur. Pas de la vélocité car, en d'autres lieux, les hommes de tête, hormis Cancellara, sont tous catalogués rapides, Backstedt peut-être un peu moins que Hammond et Hoffman.

Ces obscurs du peloton, en réalité, se connaissent sur le bout des doigts. Ils sont rompus à des combats infiniment moins médiatiques dans le nord de l'Europe. Backstedt, le Suédois, et Hammond, l'Anglais, ont même partagé longtemps un appartement à Waregem, en Belgique, point de ralliement d'une bonne partie des aventuriers du vélo, encore de nos jours. Backstedt impose sa force herculéenne. À 29 ans, ce géant (1,93 m, pour 90 kg), qui doit toujours lutter contre le poids superflu, cueille à Roubaix le plus grand succès de sa carrière. Son palmarès inclut aussi un Grand Prix d'Isbergues (1997) et une étape du Tour de France à Autun (1998).

Il n'est pas un inconnu et encore moins un coureur médiocre. Mais sa victoire, il faut bien en convenir, comme celle de Wesemann une semaine plus tôt dans les Flandres, montre pâle figure dans une période printanière où le cyclisme est sérieusement concurrencé sur le plan médiatique. Déjà que l'absence des champions du Tour de France comme Lance Armstrong et Jan Ullrich est préjudiciable à l'expansion du sport cycliste, le feu d'artifice manqué de Museeuw donne à la fête un fort goût d'inachevé en l'absence de l'ancien complice de Backstedt, Stuart O'Grady, arrêté à cause de faits déplorables qui ne lui incombent aucunement...

Consolé, Hammond exulte avec son ancien colocataire.

Un pavé dans la mare des favoris.

Les adieux de Museeuw

Au début des années 1990, les observateurs les plus avertis du cyclisme belge estimaient que leur communauté éprouverait plus de difficultés à se passer de Claudy Criquiélion que, quinze ans plus tôt, d'Eddy Merckx. Ils réclamaient au « Criq », par voie référendaire dans les journaux, de poursuivre un bout de chemin, pas longtemps, juste ce qu'il faut pour tenir les fans en haleine jusqu'à la fin de la période des classiques. « Le Criq », disait-on, n'avait pas de successeur.

Pourtant, Johan Museeuw entrait de plain-pied dans le moule du champion, serviteur à ses premières heures de Greg LeMond, à l'occasion du Tour 1989, de Mario Cipollini ensuite, pour lequel il sacrifia ses propres chances de victoires d'étapes dans le Tour de France. Il a fallu un peu de temps au côtier – appelé ainsi parce qu'il vient de Gistel au bord de la mer du Nord – pour trouver sa voie, celle des classiques.

Au final, le tableau de chasse se dresse ainsi :

- Champion du monde (1996)
- Champion de Belgique (1992, 1996)
- Coupe du monde (1995, 1996)
- Tour des Flandres (1993, 1995, 1998)
- Paris-Roubaix (1996, 2000, 2002)
- Amstel Gold Race (1994)
- HEW Cyclassics (2002)
- Championnat de Zurich (1991, 1995)
- Paris-Tours (1993)

S'ajoutent deux étapes du Tour de France (1990) et de nombreuses semi-classiques, pour constituer le plus épais palmarès de courses d'un jour après celui d'Eddy Merckx, étant entendu, naturellement, que les Flamands débattent à n'en plus finir, dans les tavernes, quant à savoir si Museeuw est ou non l'égal de Rik van Looy, l'empereur d'Herenthals. En tout cas, la Belgique s'est rétablie de tous les départs à la retraite de champions pédalant. Son cyclisme, assurément, survivra aussi à la fin de carrière du « Lion », à 38 ans. Du reste, il a choisi le Grand Prix de l'Escaut, une course qu'il n'a jamais remportée, pour faire ses adieux au public de son pays, trois jours après Paris-Roubaix. L'émotion est évidemment à son comble et le symbole fort lorsqu'il favorise la victoire de Tom Boonen, son héritier désigné. Puisse le « lionceau » connaître autant de réussite sportive sans la ternir d'ambiguïtés sur le sujet du dopage.

La fête est finie, place à la retraite.

Entre Van Petegem et Museeuw, un final fraternel.

Et 1…

Longtemps l'Amstel Gold Race s'est achevé aux abords, sinistres, d'une cimenterie ouvrant vue sur la Meuse, à Maastricht. L'arrivée était jugée sur une longue route droite et plate, ce qui pouvait s'avérer cruel pour des grimpeurs manquant singulièrement de pointe de vitesse. De fait, on s'était habitué à noter, en ces lieux, l'Italien Davide Rebellin et le Néerlandais Michael Boogerd systématiquement à la pointe du combat, mais frustrés par un final qui ne leur convenait pas.

Une fois, seulement, « Boogie » avait réalisé le tir parfait, en 1999, battant, dans un sprint à deux, un certain Lance Armstrong qui n'était pas encore le champion du Tour de France. Paré à l'époque du maillot distinctif de champion des Pays-Bas, il avait reçu l'ordre, ferme, de sa direction technique, de ne collaborer en aucun cas avec l'Américain. Ce n'était pas dans sa nature, car on le connaît généreux dans l'effort ; du reste, Armstrong lui avait aussitôt pardonné en indiquant que Boogerd était un « good guy », un bon mec. Boogerd, c'est effectivement le coureur que l'on rêve d'avoir avec soi dans une échappée car il abat un travail énorme. Ses compatriotes l'adorent car il dégage toujours le bonheur derrière son sourire légendaire, ce en quoi il s'inscrit en descendant direct de Joop Zoetemelk, sans avoir connu le même degré de performance au Tour de France, toutefois. Boogerd vient de La Haye, c'est-à-dire d'un endroit tout plat, mais c'est toujours dans le Limbourg vallonné, à 200 kilomètres de chez lui, qu'il part s'entraîner.

Les routes de l'Amstel Gold Race, par conséquent, représentent son jardin. Depuis l'an passé, l'organisateur, Leo van Vliet, un ancien coureur de la fameuse équipe Ti-Raleigh de Peter Post à la fin des années 1970, a délaissé les bords de Meuse pour cimenter l'arrivée de l'épreuve au sommet du Cauberg, lieu stratégique de l'épreuve mais aussi des championnats du monde disputés à Valkenburg.

Spectaculaire Cauberg ! Il rafraîchit l'Amstel.

Ce nouveau final est parfait pour Boogerd. Comme d'habitude, sa préparation est réglée de sorte qu'il aborde la classique néerlandaise, désormais la première et non plus la dernière des « ardennaises », chronologiquement, en pleine possession de ses moyens. Tout se passe comme il l'entend : après une longue échappée de deux jeunes Belges, Jochen van Summeren (Relax-Bodysol) et Jan Kuyckx (Vlaanderen), la course se décante seulement dans les 20 derniers kilomètres.

Au franchissement de l'Eyserbosberg, six coureurs s'isolent en tête et non des moindres : Boogerd (Rabobank), Rebellin (Gerolsteiner), Mathias Kessler (T-Mobile), Peter van Petegem (Lotto), Danilo Di Luca (Saeco) et Paolo Bettini (Quick Step). Que des costauds ! À 14 kilomètres de l'arrivée, dans le Fromberg, Rebellin et Boogerd faussent compagnie aux quatre autres, qui se regardent. La victoire se joue par conséquent entre ces deux éternels seconds et, cette fois, il faut bien qu'un vainqueur se dégage.

Le cœur des Hollandais bat évidemment pour l'Orange de service. Boogerd a-t-il oublié qu'un sprint en côte exige une souplesse de pédalage ? Il emmène à l'évidence un braquet trop important (53 x 17) pour un emballage final entamé quasiment à l'arrêt puisqu'il est de bon ton, en la circonstance, de laisser la politesse à son adversaire avant de le déborder, ce qui induit une séance du surplace avant le rush final. Boogerd lance aux 350 mètres, Rebellin recolle et le dépasse dans les 100 derniers mètres, ce qui paraît d'une longueur extrême aux supporters locaux qui voient s'envoler la victoire de leur favori.

Encore une fois, Boogerd termine 2e de l'Amstel Gold Race, comme en 2000 et 2003 alors que en 2002, il s'était classé 3e. C'est rageant, mais toutefois mérité pour le petit Italien de la Gerolsteiner, si souvent placé lui aussi mais rarement récompensé à la hauteur de son abnégation.

Haut gauche :
Blessé, Baden Cooke fait son retour.

Haut droit :
Boogerd, le mors aux dents, ne se défait pas de Rebellin.

Bas gauche :
Un événement très populaire.

Bas droit :
Succès mérité. Enfin.

...et 2...

Davide Rebellin a traversé l'époque des Mario Cipollini et Marco Pantani, il a souffert de la comparaison avec son camarade de promotion Michele Bartoli, il a été pris de vitesse par l'émergence de Paolo Bettini jusqu'à se laisser brûler la politesse par la nouvelle génération des Danilo Di Luca, Ivan Basso et Giuliano Figueras alors que pointent désormais les immenses talents de Filippo Pozzato et Damiano Cunego. Dans le cyclisme italien, Rebellin échappe à tous les clans, à toutes les castes. Sûrement parce qu'il n'a jamais été aussi performant qu'en se soustrayant, justement, à un environnement national où il s'est par trop confiné.

Jamais il ne s'est accommodé de l'autorité d'un autre temps exprimée par son premier directeur sportif, Giancarlo Ferretti, à la MG. Chez Polti non plus, en dépit d'allers-retours, il n'a pas trouvé l'entourage compréhensif. Chez Liquigas, il a vécu, sans démériter, ses saisons les plus transparentes. Décrit à ses débuts comme un « enfant de chœur », Rebellin est un être à part dans un monde de brutes. C'est en dehors d'Italie qu'il s'exprime le mieux.

Il n'a passé qu'un an à la Française des Jeux, en 1997, au démarrage de l'équipe de Marc Madiot qui, depuis lors, reçoit en chaque début d'année les vœux du personnage délicat qui lui avait apporté deux victoires, coup sur coup, en Coupe du monde : Clasica San Sebastian et Grand Prix de Zurich, au sortir d'un Tour de France raté.

« J'ai compris un peu tard que mon terrain d'action était celui des classiques », admet-il désormais.

Il suffit souvent d'un déclic dans la tête d'un coureur pour que la confiance transforme les sempiternelles places d'honneur en victoires éclatantes. Auprès des Allemands de Gerolsteiner aussi, Rebellin a trouvé des interlocuteurs professionnels et compréhensifs. Son triomphe dans l'Amstel Gold Race le libère du fardeau de « loser » qui lui collait à la peau. Disputée sur un terrain équivalent, avec une arrivée jugée de la même manière au sommet d'une côte mais plus pentue encore (le mur de Huy offre des passages à 19 %), la Flèche wallonne est pareillement dans ses cordes.

Le mur de Huy est trop dur pour Jan Ullrich, à court de forme.

L'allure rapide n'est pas pour lui déplaire. Il tient la condition juste à la différence d'un Jan Ullrich empâté qui rentre au stand avant même le deuxième franchissement du mur de Huy. Quelle honte de la part d'un professionnel en qui tous les enfants d'Allemagne aimeraient voir un modèle ! Cette course-là, il est vrai, n'autorise aucune latitude aux dilettantes. La moyenne horaire (44,080 km à l'arrivée !) est largement supérieure à la plus rapide de l'histoire, enregistrée en 1996 (42,964 km/h), an de grâce pour Lance Armstrong avant l'apparition du cancer. Le parcours est resté équivalent en difficultés.
Plus ça va vite et moins les mouvements sont nets en tête de course. Il faut attendre quasiment la dernière demi-heure pour s'emballer.
À 26 kilomètres du but, Erik Dekker attaque, en l'absence de Michael Boogerd qui se réserve pour Liège-Bastogne-Liège. Il est imité, dans les 10 derniers kilomètres, par Samuel Sanchez (Euskaltel), Alexandre Vinokourov (T-Mobile), Kim Kirchen (Fassa Bortolo), Mirko Celestino (Saeco) et Cristian Moreni (Alessio), mais un regroupement se produit à l'entrée de Huy.
Une course de côte se joue donc au sprint pour départager les prétendants !
Danilo Di Luca (Saeco) accélère aux 250 mètres. Il n'a pas vraiment le choix, mais il est débordé par l'irrésistible Rebellin. Le Vénitien savoure volontiers ce que représente l'état de grâce : « J'ai couru toute la journée sans dépenser d'énergie, en prenant le risque de perdre, et j'ai gagné... » Voilà deux classiques au compteur. Amstel Gold Race-Flèche wallonne : c'est déjà un doublé inédit.

Haut gauche :
Héros local, Philippe Gilbert tente une sortie.

Haut milieu :
Danilo Di Luca fait le forcing.

Haut droit :
Le play-boy est encore battu.

Milieu :
Super ! Les gants sont intacts.

Bas :
Rebellin est encore impérial.

LIÈGE-BASTOGNE-LIÈGE

...et 3, zéro !

Le Triptyque ardennais est le nom d'une jolie course par étapes disputée au mois de mai par les semi-professionnels dans ce coin vallonné de l'Europe. C'est aussi une marque déposée par Davide Rebellin. Non content de s'adjuger l'Amstel Gold Race et la Flèche wallonne, l'Italien applique le principe du triple effort dans la doyenne des classiques, Liège-Bastogne-Liège. Il est le triathlète du printemps !

Est-ce parce que, désormais, les trois classiques dites ardennaises s'achèvent pareillement au sommet d'une côte qu'elles engendrent le même scénario – une course d'attente, sans véritable offensive ni esprit tactique, jusque dans la dernière demi-heure – et un vainqueur identique, libéré de ses chaînes ? Il est entendu que l'appétit vient en mangeant et que la confiance est un énorme facteur de réussite pour un cycliste qui marche fort.

L'inversion du calendrier, avec l'Amstel en préambule et Liège-Bastogne-Liège pour finir, représente sans nul doute une heureuse initiative de la part des dirigeants du sport cycliste. Il serait bon, toutefois, de varier les plaisirs des lignes d'arrivée. Si l'on veut bien admettre que la réhabilitation du vélodrome de Rocourt, où Eddy Merckx signa quelques-uns de ses plus beaux exploits, relève de la douce utopie, il est patent que la Doyenne a perdu de son éclat depuis qu'elle se conclut à Ans, pour d'évidentes raisons commerciales, devant le supermarché d'un faubourg sinistre. Et dire que la Cité Ardente, théâtre du départ du Tour de France 2004, a de bien plus beaux atours à présenter, d'autant qu'elle a fait l'objet de profonds ravalements de façade ces dernières années.

Monter à Ans implique un éloignement trop important du cœur névralgique des Ardennes. Ce n'est pas pure nostalgie que regretter l'enchaînement des côtes de Wanne, Hézalle, Stockeu et la Haute-Levée. Elles offraient un spectacle de meilleure qualité que celui produit par les coureurs ces dernières années. Le parcours, désormais, incite à l'attentisme, dans la mesure où la côte de La Redoute est trop distante de l'arrivée. Qui s'échappe en quittant Remouchamps a toutes les chances de gâcher son potentiel de résultat.

Lance Armstrong l'a appris à ses dépens en 2003. Il ne suffit plus d'être le plus fort pour remporter Liège-Bastogne-Liège. Faut-il déplorer qu'à la plus belle des classiques, du moins dans son caractère originel, le Texan accorde sa préférence à une petite course par étapes aux États-Unis, le Tour de Géorgie ? Comme en clin d'œil, il est curieux d'observer qu'au même moment les caciques du cyclisme présentent les contours du

Laurent Lefèvre anime l'échappée matinale. L'action tarde.

futur UCI Pro Tour. Où l'on apprend que le principe fondateur de la réforme, à savoir l'obligation faite aux plus grands coureurs de disputer les plus grandes courses, est abandonné...

Le passionné de cyclisme peut-il vraiment être tenu en haleine par une échappée où Alexandre Botcharov distance ses compagnons Arvesen, Jaksche, Strauss et Tankink dans l'ascension de La Redoute ? Où sont les champions ? À 29 kilomètres de l'arrivée, le Russe du Crédit Agricole est rejoint et 80 coureurs sont encore en lice pour la victoire. Est-on à Liège-Bastogne-Liège ou à Milan-San Remo ? C'est à se demander pourquoi les côtes ne provoquent plus de sélection.

À 5,5 km du but, dans la montée de Saint-Nicolas, les ténors entrent enfin en action. Ils sont trois : l'inévitable Rebellin, son dauphin de l'Amstel, Michael Boogerd, et Alexandre Vinokourov. Le Kazakh attaque, se laisse reprendre sous la flamme rouge et cède sur un démarrage du Néerlandais, mais c'est un bis repetita de la classique hollandaise disputée une semaine plus tôt. Rebellin déborde aisément Boogerd.

« Cette fois, je réalise un rêve d'enfant », lâche le discret transalpin, au comble de son bonheur de coureur. À 32 ans, il signe un triplé que même le grand Eddy Merckx ne compte pas à son palmarès.

Bettini à La Redoute. Pas super...

Haut gauche : Jaksche, pansé, serre les dents.

Haut droit : Camenzind, ancien vainqueur de l'épreuve, s'échappe encore. Mais avant les JO, il est positif à l'EPO.

Milieu gauche : Botcharov est le dernier attaquant repris avant Liège.

Milieu droit : Boogerd se démène dans Saint-Nicolas.

Bas droit : Rebellin encore royal. Boogerd et Vinokourov sont admiratifs.

L'éclosion Lövkvist

Avril est un mois passionnant pour les courses françaises de deuxième niveau. Pour les Brioches La Boulangère, c'est l'occasion de sortir la tête de l'eau. Aussitôt fait, profitant de la rivalité entre équipes italiennes, Anthony Geslin déguste une glace Adélie à Vitré. Deux jours plus tard, l'Estonien Andrus Aug se régale au Grand Prix de Rennes.
Comme toujours, le Circuit de la Sarthe et des Pays de la Loire accueille des stars, dont Jan Ullrich, mais la sensation est créée par le Suédois Thomas Lövkvist, 20 ans seulement. Trouvaille de la Fdjeux.com, il s'offre 130 kilomètres d'échappée solitaire, victoire d'étape et général à la clé ! Voilà le grand champion de demain. Il le confirme à Paris-Camembert en terminant 2e derrière Franck Bouyer.
C'est l'heure de gloire des Scandinaves. Au-delà de la surprise créée par Magnus Backstedt à Paris-Roubaix, le Norvégien Thor Hushovd, quand il est privé de Coupe du monde, se console en dominant la Coupe de France. Il enchaîne le GP de Denain et le Tour de Vendée avant de laisser le champ libre à Samuel Dumoulin. Le Lyonnais d'Ag2r signe le doublé dans le Tro Bro Leon, une course bretonne magique.

Geslin glace tout le monde à Vitré.

Lövkvist : un champion se révèle en Sarthe.

Bouyer et Lövkvist inversent les rôles à Paris-Camembert.

Insatiable, Thor Hushovd gagne à Denain…

…et enchaîne au Tour de Vendée.

Quel doublé de Samuel Dumoulin au Tro Bro Leon !

Moreau trouve le rythme au Trophée des Grimpeurs.

MAI

Chavanel tient son rang

Avec le Tour de Romandie, on tourne la page des classiques au profit des courses par étapes montagneuses. Bradley McGee et Tyler Hamilton donnent en Suisse francophone un avant-goût du Giro et du Tour de France. Christophe Moreau devance au Trophée des Grimpeurs le grand espoir wallon Philippe Gilbert, avant que les Ardennes vibrent aussi pour le jeune Maxime Montfort au Tour du Luxembourg.
Les Quatre Jours de Dunkerque marquent le retour à la compétition de l'équipe Cofidis. D'entrée, elle gagne grâce à une échappée de Jimmy Casper ! Le général revient à l'autre formation française tourmentée au printemps, La Boulangère, par le biais de Sylvain Chavanel qui double la mise au Tour de Belgique.
Tom Boonen au Tour de Picardie et Christophe Moreau au Tour de Languedoc-Roussillon, où Thor Hushovd et Lance Armstrong enlèvent des étapes, sentent aussi l'avant-Tour, de même que les victoires en Coupe de France de Thomas Voeckler en Morbihan et de Stuart O'Grady à Villers-Cotterêts.

Hamilton dans son jardin en Romandie.

Retour gagnant pour Cofidis avec Casper à Dunkerque.

Chavanel enflamme les Quatre Jours de Dunkerque.

Boonen, en jaune, déploie ses ailes en Picardie.

Hushovd, en jaune aussi, brille en Languedoc.

Révélation au Luxembourg : le jeune Wallon Maxime Montfort.

Pas encore une star, Voeckler remporte À Travers le Morbihan.

Comme deux titans

Par Philippe Bouvet

Déjà salué par le Prix Antoine-Blondin en 1993, Philippe Bouvet, 49 ans, est de ces journalistes que l'on ne présente plus. Depuis vingt ans, il rédige le traditionnel « chapeau » des plus grandes courses dans *L'Équipe*. C'est donc un grand narrateur du cyclisme qui a reçu le 15e Prix Pierre-Chany (trophée Cofidis), récompensant le meilleur article en langue française consacré au sport cycliste, pour « Comme deux titans », paru en juillet 2003, son dauphin étant Jean-Luc Gatellier. Les deux journalistes figurent parmi les anciens auteurs du *Livre d'Or du Cyclisme*.

Lance Armstrong qui jette son vélo comme un sprinter sur la ligne d'arrivée en haut de Luz-Ardiden, c'est un peu le symbole d'une course folle de suspense et d'émotions qui se joue à l'arraché, et risque maintenant de se régler à coup de secondes. Mais dans quel sens ? Non, vraiment, le Tour de France ne pouvait rêver d'un plus beau Centenaire, comme si les champions eux-mêmes se sentaient investis d'une mission, car ils se livrent une bataille féroce, et pourtant toujours indécise, pour inscrire, quoi qu'il arrive, cette édition à une place toute particulière dans la longue histoire.

L'ascension de Luz-Ardiden, hier, dans ces Pyrénées enveloppées maintenant dans les nuages, fut un sommet. Lance Armstrong avait beau porter le maillot jaune, il avait besoin d'attaquer. Absolument. On n'était plus du tout sûr qu'il en ait les moyens, lui-même avait fatalement fini par en douter, mais il l'a fait. Lui qui avait toujours massacré la course dès la première occasion (à Sestrières en 1999 ; Hautacam en 2000 ; l'Alpe d'Huez en 2001 et à peu près partout l'an dernier) a cette fois attendu, contraint et forcé, la dernière arrivée en altitude pour enfin redevenir Armstrong, ce qui ne lui accorde pas encore la victoire finale, mais lui offre juste un nouvel ascendant.

La folle journée d'Armstrong et Ullrich sur le Tour 2003 a inspiré à Philippe Bouvet le papier de l'année.

Les limites de Vinokourov

Ce ne fut pas un exploit d'arrogance, mais plutôt de courage et d'orgueil. Peut-être le plus beau de sa carrière, un de ceux qui forcent l'admiration. Devenu très vulnérable, il lui fallut ces jours derniers attendre avec intelligence des jours meilleurs. Le ciel est venu lui apporter un peu de fraîcheur, mais, hier, c'est au tréfonds de sa personne qu'il est allé chercher des tonnes et des tonnes de volonté. Et ce regard, cette détermination, cette excitation intérieure aussi lorsqu'il sentit qu'il ressuscitait.

Il lui fallait attaquer parce que sa marge (15" sur Ullrich hier matin) était trop courte en prévision du dernier chrono, samedi, sur les 49 kilomètres entre Pornic et Nantes, du moins si l'on se réfère à l'impression laissée l'autre jour par Ullrich dans le contre-la-montre (1'36" sur Armstrong). Et maintenant ?

On peut désormais parler de duel, car Alexandre Vinokourov a coincé, lui qui réussissait jour après jour des tours de force, à l'Alpe d'Huez (2e), à Gap (1er), au contre-la-montre (3e), à Ax-3 Domaines, où il a flingué encore une fois ; à Peyresourde où il a remis ça. Mais le Tourmalet, c'est encore autre chose. Le Kazakh, qui surpassait depuis quelques jours ses qualités naturelles d'escaladeur, a payé sa débauche d'énergie un peu avant La Mongie, là où Armstrong semblait mis en difficulté par Ullrich, comme quoi on n'est plus à un rebondissement près.

Pour « Vino », ce n'était encore qu'une alerte, puisqu'il parvint à rejoindre au bas de la descente, à Luz-Saint-Sauveur, mais il n'y eut pas de miracle. Son incroyable dureté au mal ne l'a pas empêché de passer à la trappe (8e à 2'7"), mais elle lui a permis de s'accrocher encore largement à la troisième marche du podium, qu'il mériterait bien (2'31" d'avance préservées sur Haimar Zubeldia).

Plus que deux ! Armstrong face à Ullrich, comme deux titans.

Le match fut, hier, si prenant que le téléspectateur, on imagine, devait carrément rentrer dans son poste de télévision. Il y eut tout, vraiment. Et, d'abord, cette chute d'Armstrong, qui coupait au plus court un virage et s'accrocha avec un spectateur. Il entraîna Iban Mayo, et, dans leur sillage, Ullrich fit un écart pour les éviter. Nous étions alors à 10,3 km de l'arrivée, et l'épisode interrompait brutalement la bagarre qui venait à peine de s'enclencher ; 200 mètres plus tôt, Mayo avait porté son attaque téléphonée, même si on allait voir par la suite que le Basque n'a plus le même jusqu'à L'Alpe d'Huez. Armstrong vint le chercher aussi sec et Ullrich se trouvait encore à la parade, même si son turbo-diesel lui réclamait un peu plus de délai.

Ullrich chevaleresque

L'Allemand coupa de suite son effort. Il est vrai qu'il avait été lui-même aux pâquerettes il y a deux ans dans la descente de Peyresourde, et Lance Armstrong l'avait attendu, même s'il faut dire que, cette année-là, plus de 6' allaient séparer les deux adversaires à Paris. Surtout, Ullrich n'a pas envie d'une victoire au rabais, au bout d'un Tour comme celui-là.

Il fallut peu de temps à Rubiera pour replacer le Maillot jaune aux premières loges, mais, décidément, on aurait dit que ce n'était pas le Tour d'Armstrong. Lui qui n'était jamais tombé en quatre ans en est à sa troisième gamelle cette année (au Dauphiné, à Meaux, hier à Luz) et voilà qu'il faillit bien culbuter brutalement encore une fois lorsque sa chaîne sauta sur une denture, conséquence probable de l'accrochage précédent. Un court instant, il se retrouva à pédaler dans le vide, déchaussa et se rétablit miraculeusement, l'entrejambe sur le tube horizontal du cadre...

Cette fois, c'est Hamilton qui lança un appel au calme d'un geste de la main. Preuve que Lance Armstrong demeurait encore, hier, au bas de Luz-Ardiden, un patron craint et respecté.

En dépit de l'attitude très chevaleresque de ses adversaires, de Jan Ullrich surtout, il aurait été dommage que la course ne puisse reprendre ses droits. Elle reprit donc à peu près à 9 kilomètres du haut, et sur un scénario absolument identique : Mayo qui démarre, Armstrong qui réplique, Ullrich qui se pointe derrière. La différence, c'est que sur ce coup-là l'Allemand n'était plus capable de revenir au contact. Les incidents n'avaient fait que renforcer la hargne d'Armstrong et, qui sait, peut-être avaient-ils brisé le rythme d'Ullrich ? Lance Armstrong se sortait les tripes. Dix-sept secondes, vingt et une, vingt-deux... Mais on finissait par oublier que Sylvain Chavanel était toujours devant. Le jeune Français de La Boulangère, un peu déçu de son Tour, a eu une réaction de vrai petit champion en attaquant de loin pour montrer que, même s'il est un peu cuit, il a encore le cœur vaillant. Il fallait le faire, car ce n'était pas facile de sortir dans la côte de Meilhas, au bout de 30 bornes, après les incessantes attaques du départ. Patrice Halgand était volontaire, mais il ne put suivre, et c'est donc avec Botero que Chavanel ferait le chemin. Jusqu'au milieu du Tourmalet, où il laissa tomber le Colombien, meilleur grimpeur du Tour 2000, bien terne cette année.

Chavanel, cœur vaillant

Des 10' d'avance, il en restait encore 5 à Chavanel au bas de Luz-Ardiden, mais il n'a rien à regretter (10e de l'étape), au contraire. Il a vécu de près un énorme moment, et Lance Armstrong lui accorda même une tape sur le dos en le doublant à 4,5 km de l'arrivée.

Armstrong fonçait allégrement. On estimait qu'une minute au moins lui était nécessaire en prévision du dernier chrono, vu la démonstration d'Ullrich l'autre jour. La différence s'éleva jusqu'à 56" à 5 bornes à peu près de la ligne, mais on sait que les attaques de Lance Armstrong, qui avait ressorti son petit moulin, suivent souvent la même courbe, et ont tendance à s'essouffler. Son petit braquet est l'instrument idéal au démarrage, mais il l'aide rarement à creuser des écarts faramineux. D'ailleurs, Ullrich avait l'air de se refaire un peu : 47" aux 3 bornes, 40 sur la ligne. Il s'était tapé tout le boulot, mais se fit encore très mal pour aller chercher la troisième place, entre Mayo et Zubeldia, tous deux un peu secs, pour attraper 8" de bonifications. Armstrong en avait pris 20. Ce sont donc 12" qui s'ajoutaient aux 40 enregistrées par les chronométreurs. Au total, 52" qui s'additionnent aux 15 d'hier matin, et voici l'Allemand à 1'7".

L'écart reste dans des proportions idéales pour maintenir le suspense. L'avantage du Maillot jaune est encore légèrement inférieur (de 29") à ce qu'il a concédé vendredi dernier, dans le premier contre-la-montre sur une distance comparable, à 2 bornes près. Mais le moral, lui, a peut-être changé de camp. Repos aujourd'hui. C'est encore très dur demain à Bagarguy. Rien n'est joué. Et puis, à ce rythme-là, gardons-nous des pronostics.

Christophe Penot est l'organisateur, depuis quinze ans, du Prix Pierre-Chany, et Bernard Hinault, la personnalité réclamée par Philippe Bouvet pour lui remettre son trophée.

TOUR D'ITALIE

L'enfant-roi

La comédie est un art d'essence italienne. Dans l'Europe du XXIe siècle, qui s'harmonise et se modernise, ce pays demeure le théâtre de tous les contrastes, des exagérations, des caricatures... Le cyclisme, de ce côté-là des Alpes, persiste en 2004 à véhiculer les icônes de Marco Pantani et Mario Cipollini. Pourtant, le Pirate est mort, dans des circonstances tragiques, et le Roi Lion refuse d'entendre le chant du cygne qui accompagne ses dernières sorties.

Qui admirer au départ du Giro ? Un nouveau duel entre Gilberto Simoni et Stefano Garzelli n'excite pas les tifosi. Tous deux se sont perdus dans les méandres du dopage et des explications plus ou moins nébuleuses. Ces anciens vainqueurs de la course rose n'ont ni la dimension des grands champions, ni la personnalité des héros. Au vrai, l'épreuve démarre dans une certaine morosité mais la foule est énorme, autrement plus impressionnante que douze ans plus tôt, du temps où les épreuves chronométrées inaugurales étaient souvent dominées par Thierry Marie, surnommé en Italie « Monsieur Prologue ». De fait, il y a toujours eu des purs spécialistes de cet exercice. Et puis, l'historique « arche de la victoire », lieu symbolique pour une rampe de lancement postée sur le port de Gênes, offre à la course rose un ersatz de tour Eiffel et un vainqueur de prologue identique à celui du Tour de France 2003 : Bradley McGee. « J'ai encore mieux couru qu'au Tour, explique-t-il. Ici, donné favori, j'étais sous pression. » L'Australien fait venir avec lui, sur le podium, sa fille Tahlia, 3 ans, vêtue de rose. Préméditation ?

Onze secondes séparent Simoni de Garzelli, en faveur du Trentinois, et les supputations vont déjà bon train au sujet de Yaroslav Popovych, joyau d'Ukraine façonné par le bijoutier du cycle, Ernesto Colnago en personne. Troisième, le coureur de Landbouwkrediet affiche ses progrès contre la montre. Sera-t-il aussi performant en montagne ? Deuxième du prologue, l'Allemand Olaf Pollack s'empare du maillot rose, pour une journée seulement, en terminant sur les talons d'Alessandro Petacchi, déjà lauréat de la première étape.

Le cyclisme italien, orphelin de Marco Pantani, se découvre un petit prince : Damiano Cunego.

McGee reprend son bien le lendemain, lui aussi grâce à une deuxième place derrière Damiano Cunego. « C'est seulement le début », prévient Giuseppe Saronni à propos du Véronais de 22 ans qui vient de crever l'écran en remportant cinq courses secondaires. Une sixième victoire échoit à l'ancien champion du monde junior à Pontremoli. « Mais mon travail consiste toujours à aider Simoni, mon leader », indique-t-il alors que les médias italiens, guère fans du vainqueur sortant, exhortent déjà à une rivalité interne au sein de la Saeco.
De fait, Simoni est loin d'avoir dit son dernier mot. À la première arrivée au sommet d'un col, Corno alle Scale, sur les pentes où Alberto Tomba apprit à skier, il s'adjuge pour quatre jours le leadership de sa course favorite. Cunego reste positionné à 13'' et les sprinters s'en donnent à cœur joie : Petacchi s'impose un jour où l'Estonien Andrus Aug, malencontreusement, fait tomber son maître, Cipollini, McEwen récolte enfin un succès partiel en clamant « Je ne suis pas un bandit », et Petacchi gagne son tiercé au septième jour de course.

Mademoiselle McGee aime le rose !

L'arche de la victoire sert de rampe de lancement pour tous, mais le prologue n'a qu'un vainqueur : Bradley McGee.

Cipollini, sans surprise, ne repart pas et annonce à demi-mots sa fin de carrière – une habitude chez lui – lorsque le premier juge de paix se présente : le Montevergine. À l'exception de Simoni, en rose pour la dernière fois, les coureurs de la Saeco sont vêtus d'un maillot noir et blanc parfaitement illégal, sur lequel est inscrit « legalize my Cannondale ». C'est une campagne du constructeur américain pour que l'UCI accepte d'abaisser le poids minimum des bicyclettes, actuellement fixé à 6,8 kg alors que le modèle Six13 de Cannondale en affiche 6,7 sur la bascule. Au sommet de cette petite montagne, Cunego décroche sa deuxième victoire d'étape et détrône son chef de file. Simoni a-t-il été contraint, par les ordres de son directeur sportif, d'emmener le sprint pour le jeune prodige en passe de prendre sa place ? La presse italienne est persuadée que oui.

Encore 2e de l'étape, Brad McGee multiplie les belles prestations, quel que soit le terrain. Initialement, il a choisi les routes du Giro car il s'agit de la dernière course à l'ancienne où l'on roule « piano » pendant plusieurs heures avant le

Changement express pour Cunego qui doit courir après son coéquipier Simoni.

C'est par où, la retraite ?

Rodriguez 1 - Petacchi 9.

déclenchement de la bagarre. Comme préparation au Tour de France, c'est idéal, à condition de rentrer au bercail avant d'affronter les Dolomites. Le scénario, écrit d'avance, est une litanie de sprints massifs. Entre deux succès supplémentaires, Petacchi est devancé par Fred Rodriguez à Carovigno alors que le tracé remonte la course vers le nord. L'Américain court pour Aqua & Sapone, l'ancien sponsor de Cipollini qui a remonté une nouvelle écurie. Ce fils de champion cycliste colombien émigré en Californie continue de mixer des grains de café pour en tirer la meilleure mouture. En Italie, il est à bonne école et il exporte ses mélanges aux Etats-Unis. Les tifosi devraient en toute logique vibrer pour Petacchi et Cunego, mais le nom qui revient sur toutes les lèvres est celui de Pantani car la course fait étape à Cesena, sur la côte adriatique, à quelques kilomètres de la tombe du Pirate puisque, désormais, c'est là, et non plus au bar de son fan-club, que les tifosi se rendent par

Sur la côte adriatique, le Giro rend hommage à Marco Pantani, décédé en février.

grappes. Les comparaisons vont bon train. Cunego est-il le nouveau Pantani ? Voilà juste dix ans que le divin chauve a enflammé le Giro en remportant deux étapes de rang dans les Dolomites. À l'époque, il commençait à faire ombrage à son leader au sein de la Carrera, Claudio Chiappucci, exactement comme Cunego en ce moment à l'encontre de Simoni. « J'ai beaucoup admiré Pantani mais la comparaison n'a pas lieu d'être », tranche gentiment le maillot rose, ce dont les spectateurs du Giro n'ont cure. Ils écrivent sur des affiches : « Cunego comme Pantani » ou « Cunego, le nouveau Pantani ». Manifestement, ils ont pris parti pour le jeune contre l'ancien. Simoni est supplanté dans le cœur des foules.

Hors cyclisme, Cunego a une autre idole, apprend-on. Chaque jour, dans sa chambre d'hôtel, pour se sentir comme à la maison, il affiche un poster des Doors et de son chanteur mythique, Jim Morrison, mort jeune et en pleine gloire, comme Pantani. Pourtant, le petit Damiano, blondinet très propre sur lui, paraît bien plus « rangé » que les stars référencées en la circonstance.

Et Cunego n'incarne pas à lui seul la relève du cyclisme italien. Il a certes des qualités de grimpeur même si sa musculature imposante ne rappelle en rien celle du vainqueur des Giro et Tour 1998, mais un autre escaladeur se révèle à Cesena : Emmanuele Sella, 23 ans, de l'équipe Panaria. Il gagne, selon les médias italiens, « à la Pantani », en s'échappant seul à 45 kilomètres de l'arrivée. C'est épatant. Voilà effectivement un grimpeur léger de 54 kilos. À 23 ans, il a un réel profil de pirate. « On m'a pris pour un fou mais j'ai réalisé

Sella gagne « à la Pantani ».

Les stars du Giro : Cunego et Simoni qui se marquent, McGee et Popovych.

Aucun équipement n'est trop parfait pour Popovych, chouchouté par Colnago.

quelque chose d'incroyable », clame le néophyte qui se rend populaire en allant déposer une couronne de fleurs au monument funéraire de Marco Pantani.

À Trévise, au terme d'une étape plate comme la main, Petacchi égale son score du Giro 2003 : six victoires. Le contre-la-montre de Trieste occupe toutefois les esprits des suiveurs. Sur les 52 kilomètres du parcours, il convient de savoir bien doser ses efforts. Les temps de passage sont surprenants : au km 10,2, Garzelli est le plus rapide, au km 18,4, c'est McGee, au km 29,8, Popovych affiche le meilleur chrono, mais au final, Sergeï Gontchar, l'Ukrainien de 34 ans, déjà vainqueur de quatre contre-la-montre du Giro par le passé (en 1997, 1998, 1999 et 2003), remporte l'étape devant McGee, à 18", et Popovych, à 34". Le classement général s'en trouve bouleversé. Popovych est le nouveau maillot rose, devant Gontchar, à 4", et McGee, à 1'2". Du coup, l'Australien décide que le Giro mérite d'être mené à terme. Star de la piste, il représente depuis cinq ans sur la route un potentiel intéressant en dépit d'une première participation au Tour d'Italie couronnée en 2000 de l'octroi symbolique de la « maglia nera » (maillot noir) qui singularise le dernier du classement général à Milan. Après tout, il faut bien commencer quelque part à se tester en haute

En rose... pas longtemps.

montagne et l'opportunité se présente dans ce Giro guère animé où la course est bloquée en plaine par la Fassa Bortolo et dominée dans les ascensions par la Saeco.
Limité contre la montre, Cunego rétrograde au classement, 6e à 1'48'' de l'Ukrainien, ce qui redonne à Simoni, 4e à 1'27'', des raisons de croire à nouveau en son destin en dépit d'une chute survenue au 14e kilomètre tandis qu'un bris de dérailleur ralentit singulièrement Garzelli.
Humble et réservé, Alessandro Petacchi n'a guère qu'une anecdote à raconter de son enfance : il sautait de joie jusqu'à casser le divan familial en compagnie de son père en voyant à la TV son idole Giuseppe Saronni devenir champion du monde à Goodwood. Jamais il n'imaginait le rejoindre dans l'histoire de quelconque manière. C'est pourtant fait lorsqu'il remporte son septième succès dans le Giro, un nombre seulement atteint par trois coureurs dans le cyclisme d'après-guerre : Saronni en 1980, Freddy Maertens en 1977 et Roger de Vlaeminck en 1975. Le lendemain, il passe seul en tête dans les statistiques en gagnant une huitième fois.

Alessandro Petacchi n'en finit pas de gagner des sprints sur le Giro.

En montagne, la star s'appelle définitivement Cunego. À Falzes, il s'impose en solitaire et reprend le maillot rose en profitant du marquage dont est victime Simoni tandis que Popovych, insuffisamment épaulé au sein de son équipe Landbouwkrediet, ne tient pas le choc. Il termine l'étape à 3'50" de Cunego. « Désormais, le jeu est dans la main de Cunego », semble se résoudre Simoni. De nouveau en rose après sa troisième victoire d'étape, l'enfant-roi égrène les noms des cols à venir et s'interroge sur ses capacités à tenir le choc : « Gavia, Vivione, Presolana, je ne les ai jamais faits en course et le Mortirolo, je l'ai seulement vu à la télévision. »

L'attaque de Cunego en direction des Dolomites est tranchante.

Popovych ne peut suivre.

Au nom des vieux coursiers, Pavel Tonkov, 35 ans, vainqueur du Giro 1996, s'impose à son tour en altitude et franchit la ligne de Fondo Sarnonico en faisant un bras d'honneur à tous les managers d'équipe qui ont abusé de lui ces dernières années, ce qui lui coûte 130 euros d'amende. Moins grossière, la troisième place de McGee est aussi une réponse aux commissaires qui l'ont injustement pénalisé de 20", soi-disant pour rétro-poussette. « Je ne suis pas un tricheur ! » a répété l'Australien, conscient d'être victime d'une vengeance à caractère mafieux car, en Italie, on sait que ce coureur d'avenir refuse toute compromission et dénonce le dopage.

McGee se révèle en haute montagne.

Tonkov règle ses comptes. Quelle délicatesse !

Il se montre néanmoins à la hauteur de son talent dans les étapes de montagne, franchit le Gavia en compagnie de Cunego, qui s'impose une nouvelle fois à Bormio en débordant ses compagnons d'échappée à 400 mètres du sommet. Énervé, Simoni le traite de « bâtard ». Pas facile de remporter un grand Tour, à 22 ans, quand son pire ennemi se trouve dans sa propre équipe. Pourtant, Cunego est d'une loyauté totale, à l'inverse de son aîné. Restant dans le sillage de Dario Cioni, l'ancien vététiste désormais très efficace sur route, il ne passe pas un relais pour revenir sur Simoni, et avant de lancer son sprint victorieux, il se retourne plusieurs fois dans le but de céder la politesse au vieux grognard. « J'aimerais ne plus avoir à parler de ce qui se passe entre Gilberto et moi », glisse Cunego qui se révèle être un gentleman en plus d'un jeune pétri de classe. Il lui reste un dernier examen à passer. Une journée à tenir alors que le plus grand danger, pour lui, continue de s'appeler Simoni. C'est l'homme

Le Gavia, fidèle à sa légende, offre ses murs de neige aux « girini ».

Heureusement que Cunego bénéficie du concours de ses adversaires pour ramener Simoni à la raison.

qu'il était venu épauler, initialement, pour parachever son apprentissage de coureur du Giro, mais cet homme, comme d'autres champions avant lui, refuse le changement de génération. Cunego fait preuve d'un sang-froid exceptionnel quand Simoni, au lieu de l'épauler, s'échappe une fois encore dans le Mortirolo avec Garzelli. Seul Eddy Mazzoleni lui porte secours. La tension est vive dans le clan Saeco. Le travail de Gontchar pour conserver sa deuxième place au classement général fait les affaires du maillot rose. Garzelli, qui trouve la condition juste avec un peu de retard, s'impose à Presolana tandis que Simoni peut justifier son action par son accession au podium, d'où il déloge Popovych, moins saignant en montagne que ne l'annonçait la chronique.

Ce samedi-là, la RAI enregistre la troisième meilleure audience de toute l'histoire du Giro télévisé avec 5,2 millions de téléspectateurs pour 47,7 % de parts de marché. C'est donc bien la preuve que le cyclisme italien peut exister sans Pantani et Cipollini, et que Cunego a conquis en trois semaines le cœur des foules. Du reste, l'affluence est phénoménale dans le parc Sempione de Milan pour le critérium terminal.

Petacchi atteint le score faramineux de neuf victoires, c'est-à-dire quasiment une étape sur deux ! C'est du jamais vu dans le cyclisme moderne. Une page se tourne, dans le bon sens, avec l'éclosion de Damiano Cunego, un vrai champion. « Mais je ne referai pas un Giro dans ces conditions », prévient-il.

Unité de façade entre les deux rivaux de la Saeco, 1er et 2e d'un Giro à couteaux tirés.

Nouveau Bos

L'Australie est le pays au monde où le cyclisme sur piste est le mieux suivi, le plus apprécié. À Melbourne, un nouveau vélodrome couvert est en cours de construction alors que la Vodafone Arena est flambant neuve. Elle est bondée chaque soir de compétition lors de ces championnats du monde organisés fin mai, à une date inédite. D'ordinaire, les années olympiques, ils étaient disputés après les JO, mais l'UCI a des idées avant-gardistes pour l'activité sur piste. Hein Verbruggen estime notamment qu'un Bradley McGee devrait se consacrer exclusivement aux anneaux. Difficile à admettre, financièrement et émotionnellement. Pour l'heure, sa place est au Giro et ses compatriotes lui pardonnent volontiers l'infidélité. Du reste, les autres poursuiteurs par équipes donnent au public local de quoi vibrer.

Sarah Ulmer exulte : titre et record du monde à la clé !

Le sprinter Théo Bos est la grande révélation du tournoi.

L'Océanie, de manière plus large, est joyeuse. Pour la Nouvelle-Zélande, Greg Henderson s'adjuge la course aux points et Sarah Ulmer établit un nouveau record du monde en poursuite individuelle, 3'31''778 ! Leontien van Moorsel est détrônée mais les Pays-Bas sont largement consolés par la révélation de Théo Bos, 20 ans seulement, un coureur fin et racé qui n'est pas déformé par les séances de musculation. C'est la grande nouveauté de ces Mondiaux. Il se paie le champion sortant, Laurent Gané, en finale de vitesse.

Le Néo-Calédonien est en voisin à Melbourne. Un fan-club bruyant et coloré l'accompagne. Il y a effectivement de quoi se réjouir d'entrée quand on brandit un drapeau français dans la capitale de l'État de Victoria : Franck Perque ouvre le bal en gagnant de manière totalement inattendue la course aux points. Une heure plus tard, une deuxième médaille d'or tombe dans l'escarcelle des Bleus avec la vitesse par équipes.

Ils renouent avec une habitude qui avait vu un trio composé de Florian Rousseau et Arnaud Tournant s'imposer cinq années de rang, avec, comme démarreur, Vincent Le Quellec en 1997 et 1998, puis Gané de 1999 à 2001. Mickaël Bourgain est désormais le deuxième homme en piste, entre Gané et Tournant. « C'est notre nouvelle équipe de rêve », se réjouit l'entraîneur Gérard Quintyn.

L'optimisme est-il exagéré dans le camp français ? À deux mois et demi des jeux Olympiques d'Athènes, un rendez-vous plus important cette année que celui des championnats du monde, Tournant retrouve toute sa confiance en terminant 2e du kilomètre derrière le Britannique Chris Hoy. La troisième médaille d'or française est obtenue par Clara Sanchez, en keirin féminin.

Fin mai, l'équipe de France a encore de bonnes raisons de croire en son étoile olympique, mais, en même temps, elle envie l'Australie et ses superbes vélodromes. Bénéficier d'une génération dorée ne remplace pas, à long terme, les infrastructures nécessaires au bon développement des athlètes.

Victoire de Clara Sanchez en keirin !

Franck Perque devient champion du monde de course aux points.

Gané, Bourgain, Tournant : l'arc-en-ciel avant la déception olympique.

DAUPHINÉ LIBÉRÉ

Mayo rit jaune

Juste avant le Dauphiné, Lance Armstrong fait déneiger le Glandon par des touristes pour reconnaître le parcours du Tour.

Lance Armstrong est de retour sur le vieux continent. Pendant que les feux de l'actualité sont braqués sur l'éclosion de Damiano Cunego au Giro, il escalade le Mortirolo au milieu des cyclotouristes alors qu'il séjourne à Saint-Moritz où le bon Dr Ferrari possède un appartement. Il passe aussi par les Alpes françaises, fait déneiger le sommet du Glandon mais trouve porte close dans la Madeleine, dont le franchissement reste empêché par une couche blanche importante et glacée. Fidèle à son habitude, il reconnaît les étapes stratégiques du Tour de France. Il répète qu'il s'agit de l'unique objectif de sa saison et qu'il a tiré de riches enseignements des difficultés à remporter son cinquième titre, en 2003, face à Jan Ullrich : pour se présenter au maximum de ses possibilités au départ de Liège, il néglige toutes les classiques et soutient qu'au Dauphiné, dont il conserve le mauvais souvenir d'une chute un an plus tôt, il ne vise qu'un test chronométré sur les pentes du mont Ventoux.

Iban Mayo est intraitable au prologue.

Thor Hushovd devance une belle brochette de sprinters à Bron : Freire, Cooke, O'Grady...

La voie du classement général, qu'il a remporté en 2002 et 2003, est donc libre car Lance Armstrong, en dépit de toutes les critiques qui l'accompagnent, est un homme de parole. Iban Mayo s'engouffre aussitôt dans la brèche ouverte par le patron lui-même. Le Basque, auréolé de cinq victoires en Espagne au cours du mois de mai, signe le meilleur temps du prologue. La côte des Choseaux, au-dessus de Megève, dans le décor splendide offert par les cimes enneigées des Aravis, lui permet de devancer Tyler Hamilton d'une seconde, et Armstrong de deux.

L'équipe Phonak se positionne en plaçant pas moins de cinq coureurs dans les huit premiers de l'exercice : Hamilton, Pereiro, Sevilla, Dessel et Gutierrez. La formation suisse est-elle décidée à jouer tous les coups à fond sur les courses par étapes de l'été ? Rien n'est moins sûr...

Jimmy Casper, le petit sprinter de Cofidis, s'offre, dès la descente vers Sallanches, une sortie qui dure 225 kilomètres ! Christophe Laurent (RAGT) lui prête main forte, mais l'étape de Bron est la seule réservée aux sprinters. Ils ne laissent pas passer leur chance et reprennent les deux fuyards à 1,5 km du but. Sur la ligne, Thor Hushovd, le plus puissant, crucifie un joli parterre d'hommes véloces, dans l'ordre Stuart O'Grady, Samuel Dumoulin, Baden Cooke et Oscar Freire. Libéré de l'emprise de l'Australien passé chez Cofidis, le colosse norvégien est désormais, à 26 ans, dans une phase d'épanouissement. « Maintenant, les choses sont claires : au Crédit Agricole, les mecs ont confiance en moi », observe-t-il.

Première victoire pour Nicolas Portal, jeune champion adorable.

La dynamique collective joue aussi chez Phonak, qui signe un fameux doublé à Saint-Étienne. Le vainqueur de l'étape est José Enrique Gutierrez. Il s'isole dans la descente du col de la croix de Chaubouret. Sur le cours Fauriel, il conserve 7" d'avance sur le peloton réglé par son coéquipier Cyril Dessel, le régional du jour puisqu'il vit entre Lyon et Saint-Étienne mais se sent plus stéphanois par amour du football populaire. C'est à Lyon qu'est situé le siège français de la société Phonak, leader mondial des appareils auditifs, et il s'y était présenté un jour en expliquant qu'il était coureur cycliste et à moitié sourd, ce qui lui donnait une double bonne raison de défendre leurs couleurs vert, jaune et blanc.

Dessel, à 30 ans et après de multiples ennuis de santé, court toujours après sa première victoire pro, un bonheur auquel goûte Nicolas Portal à Aubenas. Le coureur du Gers issu du VTT, pétri de talent et capable de s'exprimer dans des exercices aussi variés que Paris-Roubaix (16e en 2003), la montagne et le contre-la-montre, se débarrasse à 5 kilomètres de l'arrivée de Janek Tom-

Terrible chute de Mickaël Pichon, heureusement sain et sauf.

bak et Iker Flores. Mais il contient sa joie car le peloton, ce jour, tremble de peur pour Mickaël Pichon. Le coureur de La Boulangère a basculé dans un ravin, 15 mètres en contrebas, dans la descente du col de Mezilhac. Les médecins réservent leur pronostic. L'inquiétude est vive et les fractures multiples mais, au fil des jours et des semaines, des nouvelles rassurantes parviennent à la connaissance de la communauté cycliste.

Les coureurs doivent rapidement se reconcentrer car l'unique arrivée en altitude programmée dans ce Dauphiné est celle du mont Ventoux, escaladé contre la montre. Ce que Lance Armstrong annonçait comme « un test » se révèle un échec, un de plus sur ces pentes maudites où il ne s'est jamais imposé. « Je pensais aller plus vite », lâche-t-il, visiblement guère affecté par le résultat qui le situe en cinquième position, devancé par Mayo, Hamilton, Sevilla et Mercado. « Concéder 2' sur Mayo, c'est beaucoup, mais en juillet, ce sera différent », prophétise-t-il.

Du coup, l'interrogation circule : quelle est la part du bluff dans la défaite d'Armstrong ? Une autre s'impose : Mayo n'est-il pas en forme trop tôt ? « J'espère que non, répond-il. L'an passé, dans le Tour de France, j'ai remporté l'étape de L'Alpe d'Huez mais j'étais plus juste sur la fin. Cette année, j'ai plus d'expérience, je me sens plus fort. »

Au moins le Basque est-il en adéquation avec l'essence même du sport cycliste : les courses existent pour être disputées, pas pour servir de galop d'entraînement. Les palmarès, ça compte dans une carrière. En s'échinant à remporter le Dauphiné, Mayo exprime du respect pour sa profession. Il ignore évidemment qu'il rit jaune en endossant le maillot de la même couleur, cerclé de bleu dans l'épreuve organisée par Thierry Cazeneuve et Charly Mottet. Il grille en fait sur les pentes des Alpes ses dernières cartouches car une forme de mononucléose le guette.

Un Dauphiné, ça ne dépareille pas sur une carte de visite. Pense-t-on la même chose du côté de Phonak ? La grande étape du samedi, comprenant huit cols, dont le Luitel, est propice à l'offensive. Évidemment, les regards se tournent vers la formation suisse, riche de cinq coureurs placés dans les onze premiers au général. Hélas, elle opte pour la passivité derrière l'entreprise au long cours du Danois de Rabobank, Michael Rasmussen. Circonstance atténuante : peu avant d'aborder l'épouvantail de la journée, Tyler Hamilton, une fois de plus, chute et reçoit l'aide de ses coéquipiers qui, à aucun moment, ne tentent de mettre Mayo en difficulté. Alvaro Pino, le directeur sportif, rappelle que son équipe prépare le Tour...

Basso en rodage

C'est à l'évidence le cas de CSC, également. Bjarne Riis reproduit avec Ivan Basso le schéma de travail qu'il avait lui-même expérimenté en 1996. Cette année-là, quiconque a vu le Danois franchir le Ventoux 15' derrière un Miguel Indurain époustouflant ne peut imaginer qu'un mois et demi plus tard, les rôles s'inverseront au passage du Tour dans la ville de Pampelune.

En 1996, Riis s'était testé sur une étape du Dauphiné, 6e ce jour-là avant de se retirer. Basso, 2e à Grenoble derrière Rasmussen, suit la voie de son maître. Note-t-on bien ce jour-là le nom du 3e de l'étape ? Coucou, c'est Thomas Voeckler. Récemment vainqueur d'À Travers le Morbihan et 5e de la Classique des Alpes, le coureur de poche de La Boulangère est en phase ascendante. Sixième de cette grande étape, Thomas Lövkvist prend date également pour l'avenir. À 20 ans, le Suédois de la Fdjeux.com impressionne par son aisance aux côtés de Mayo, Hamilton et Armstrong, rien de moins !

En fait, lauréat des deux exercices chronométrés, Mayo n'est pas inquiété par ailleurs. Pour l'histoire, O'Grady s'offre deux victoires d'étapes en trois jours, à Sisteron et Grenoble. Il est prêt pour le Tour.

Mayo prend du poids dans le peloton.

Basso ne déraille pas, il se prépare.

Vainqueur d'étape, O'Grady voit double.

JUIN

Ullrich fait illusion

Le cyclisme est partout : un Finlandais, Kimmo Kananen, devance un Australien, Simon Gerrans, dans l'unique épreuve norvégienne, le Ringerike GP ; un néo-pro espagnol, Francisco Ventoso, remporte le championnat des États-Unis à Philadelphie !
Juin, toutefois, est le warm-up du Tour de France. C'est aussi le temps des illusions. Roberto Heras croit être revenu au top en remportant la Bicyclette basque. Erreur. Les Espagnols Oscar Pereiro, Iban Mayo et José Enrique Gutierrez, passant dans cet ordre la ligne de la Classique des Alpes, supposent que les montagnes françaises leur appartiennent. Pas vraiment.
Cadel Evans estime avoir mérité sa sélection au Tour d'Autriche mais T-Mobile lui préfère Santiago Botero, pourtant hors de forme.
Malgré deux victoires d'étapes au Tour de Suisse, Robert Hunter est lui aussi laissé de côté par Rabobank. Jan Ullrich s'adjuge le général. Et alors ? Brad McGee suppose également, en s'imposant à la Route du Sud, qu'il va briller au Tour de France. Mais seul, le vainqueur de la dernière étape, Thomas Voeckler, est sur la bonne voie.

La dernière Classique des Alpes revient à Oscar Pereiro.

Cadel Evans prend l'Autriche mais T-Mobile l'écarte du Tour.

Autre recalé du Tour, Hunter déménage en Suisse.

Rasch, Kananen, Gerrans : trio gagnant en Norvège.

Ullrich gagne le Tour de Suisse mais n'est pas prêt pour le Tour de France.

Première victoire par étapes pour McGee à la Route du Sud.

Le cyclisme à Voeckler

La controverse est une maladie à laquelle le cyclisme trouve régulièrement les meilleurs antidotes. Au départ du championnat de France, elle est de mise, comme souvent. David Millar vient d'être pris dans les mailles du filet du dopage. C'est clair : il ne disputera pas le Tour ; on n'est d'ailleurs pas près de le revoir en compétition. Le cas de Cédric Vasseur est beaucoup plus compliqué : lui non plus ne participera pas au Tour, mais seulement sur la foi d'une mise en examen alors que les preuves concernant sa participation à des pratiques de dopage restent entourées d'un flou très peu artistique.

Deuxième titre d'affilée pour La Boulangère

À l'instant où le tribunal de Lille donne l'injonction à l'équipe Cofidis – qui a cédé à la pression des instances dirigeantes – de réengager son coureur au championnat de France, c'est trop tard. Il est 11 h 50. La course part. Sur le circuit de la vallée de Champsaur, le massif des Écrins offre un décor superbe, de nature à inspirer les amoureux de la Petite Reine. Anthony Charteau, Carlos Da Cruz et Christophe Oriol animent la première partie des débats. Rapidement, il apparaît que l'équipe Brioches La Boulangère, comme fréquemment dans un contexte franco-français, a les moyens de se servir de son arme favorite : le surnombre. C'est la seule composée à 100 % de tricolores.

Un dilemme se pose au staff de Jean-René Bernaudeau lorsque Thomas Voeckler se retrouve à l'avant, seul représentant de la formation vendéenne, avec Cyril Dessel (Phonak) et Benoît Salmon (Crédit Agricole), à 80 kilomètres de l'arrivée. Faire attendre des contre-attaquants parmi lesquels Sylvain Chavanel, Laurent Lefèvre et Walter Bénéteau, au risque de remettre dans le jeu des concurrents piégés ?

C'est Didier Rous, le champion sortant, qui donne la marche à suivre, via l'oreillette. En bon capitaine de route, il crie à Voeckler : « Vas-y et ramène-nous le maillot, on joue ta carte. » À 40 kilomètres du but, l'écart est conséquent : 4' d'avance pour les trois hommes de tête, qui ne ménagent pas leur peine. Salmon la joue sentimental : sur ce même circuit, il était devenu champion de France junior douze ans plus tôt et avait connu sa femme. Dessel n'est impliqué dans aucun schéma d'équipe puisqu'il défend les couleurs de Phonak, formation multinationale d'obédience helvétique dont les dirigeants l'ont sacrifié sur l'autel de la préférence nationale : alors que sa sélection pour le Tour de France lui était promise sur la foi d'un Dauphiné réussi, elle est maintenant annulée pour laisser la place à un Suisse, Martin Elmiger, après que le directeur sportif espagnol, Alvaro Pino, eut imposé un de ses compatriotes, Santiago Perez.

Voeckler joue sur tous ces tableaux pour inciter ses compagnons de fugue à rouler sans retenue. Et ça marche. Dans le final, le petit « Tom » bluffe. Il est très fort pour cela. Il déborde Dessel aux 150 mètres.

Voilà bien un champion de toute la France puisqu'il est à la fois de l'Est (né en Alsace), de l'Ouest (il vit en Vendée) et même des Dom-Tom (il a grandi en Martinique). Il est surtout le champion symbole du cyclisme propre. Qui parle bien. « J'espère que le succès d'un jeune Français placera l'actualité ailleurs que sur le thème du dopage, déclare-t-il. C'est sans doute vendeur. Mais il faut convaincre le public que nous sommes une majorité à pratiquer notre sport sainement. »

Voeckler, symbole d'une équipe Brioches La Boulangère minée par les soucis avant d'être reprise par Bouygues Telecom et d'intégrer le Pro Tour, c'est une machine médiatique et populaire qui se met en route dans les Hautes-Alpes. C'est bien mieux que la machine judiciaire en trompe-l'œil qui sacrifie Vasseur sur l'autel d'un blanchiment de façade.

Page de gauche : On retrouve toujours les anciens Festina au championnat de France, mais c'est le dernier pour Richard Virenque, ici devant Didier Rous.

Haut gauche : Sylvain Calzati est l'une des révélations françaises de l'année 2004.

Haut droit : Voeckler fait un beau champion de France.

Bas droit : Coulé puis sauvé, Jean-René Bernaudeau est le manager français de l'année. Heureux !

Mauvais présages

Record absolu pour Lance Armstrong : le monde du Tour de France lui appartient.

Combien d'experts ont certifié pendant onze mois que remporter six Tours de France était hors de portée de l'être humain ? L'Histoire, soi-disant, l'enseignait et les fervents de la tradition le garantissaient : pour une raison ou pour une autre, le compteur devait à coup sûr rester bloqué à cinq, là où Jacques Anquetil, Eddy Merckx, Bernard Hinault et Miguel Indurain s'étaient auparavant arrêtés.

Combien de fans ont prédit un Jan Ullrich forcément supérieur à son niveau du Tour du centenaire, disputé en 2003 sans préparation rationnelle ni équipe digne de son rang ?

Combien de spécialistes ont annoncé le découplement des forces espagnoles en même temps que l'affaiblissement de l'US Postal, suite au départ en catimini de Roberto Heras ?

Combien de prédicateurs ont vu en Tyler Hamilton un possible rival pour son compatriote ?

C'est la force, immense, du Tour de France : onze mois de l'année, il autorise toutes les supputations, les plans de bataille, les perspectives, les certitudes. Mais qu'en reste-t-il au bout de trois semaines, une fois les pavés engloutis, les montagnes franchies et les exercices chronométrés exécutés, une fois les intempéries domptées, une fois les incidents de parcours évités ? Lance Armstrong est simultanément un homme de parole, un manipulateur d'adversaires et un champion fortuné, on veut dire, chanceux. Il avait prévenu à la fin du Tour 2003 que jamais plus, au cours des mois précédant l'événement, il ne reproduirait les mêmes erreurs de préparation (dispersion dans quelques classiques, pas d'épreuve de substitution au Midi Libre, obstination à griller des cartouches au Dauphiné). Il avait failli flancher face à Jan Ullrich. Du reste, s'il avait eu en travers de sa route un rival mieux encadré, plus malin et meilleur connaisseur des

Dès la présentation des équipes à Liège, Tyler Hamilton et Jan Ullrich tirent leur chapeau devant Lance Armstrong. Le combat est perdu d'avance.

subtilités du cyclisme, il n'aurait pas enlevé le Tour du centenaire. Sa cinquième victoire était autant le produit de sa science du cyclisme que le fait de sa force brute, que l'on sait inférieure à celle de l'Allemand.

Or, au départ du Tour 2004, Ullrich est un trentenaire incorrigible. En retournant au bercail, dans une équipe Telekom renommée T-Mobile, il n'a rien changé de ses mauvaises habitudes. Il continue d'écouter un conseiller personnel indésirable dans le staff de son groupe sportif (Rudy Pevenage), il poursuit une collaboration avec un préparateur italien, il entretient à temps plein une physiothérapeute, il conserve son mécanicien privé (son frère Stefan), il entraîne avec lui des coéquipiers privilégiés... C'est trop, infiniment trop pour un cycliste qui manque toujours, dix ans après ses débuts professionnels, de compétences dans tous les domaines du vélo quand d'autres coureurs, d'hier et d'aujourd'hui, expliquent en partie leur réussite par une expertise personnelle en mécanique ou en programmation de l'entraînement. Chez lui, d'évidence, le mieux est l'ennemi du bien et c'est ainsi que Lance Armstrong trouve une fois encore sa tâche facilitée par son rival le plus sérieux !

En outre, quand son staff opère d'excellents choix comme le recrutement de José Azevedo pour remplacer Heras, celui de Jan Ullrich commet l'erreur de laisser à la maison Cadel Evans, pourtant vainqueur du Tour d'Autriche en juin, pour privilégier Santiago Botero, totalement inopérant depuis qu'il a quitté une équipe Kelme définitivement décrédibilisée par les témoignages de Jesus Manzano au printemps.

Il manque surtout Alexandre Vinokourov et Joseba Beloki au départ de Liège, soit deux des trois principaux rivaux du Texan. Le Kazakh est blessé, le Basque est en rupture de ban avec son équipe Brioches La Boulangère où ce que Jean-René Bernaudeau envisageait comme « un accé-

Bradley McGee, perturbé, ne réédite pas sa victoire de 2003. Au prologue de Liège, seul Fabian Cancellara (à droite) devance Lance Armstrong.

lérateur de projet » se révèle être un fiasco total. Beloki est-il remis de sa chute du Tour 2003 ? À tout le moins, un conflit d'ordre médical apparaît : dans une équipe française, il ne peut plus « se soigner » comme avant, chez Festina ou à la ONCE. Cet épisode tragi-comique, au milieu de plusieurs scènes de ménage se terminant par des divorces au sein de la famille vendéenne, a le mérite d'éclairer la critique sur la véridique histoire des Tours de France récents. Même si les indications sur les habitudes pharmaceutiques de Beloki ne sont pas aussi retentissantes que l'arrestation de l'épouse de Rumsas, le coffre bondé de produits dopants au retour du Tour 2002, il y a tout de même de quoi se poser autant de questions sur les performances de l'Espagnol, 2e cette année-là, 3e en 2000 et 2001...

Armstrong fait face aux soupçons

Armstrong également prête le flanc à la controverse. Cette fois, à travers la lecture d'un livre, *L.A. confidentiel*, dont le but consiste à démontrer que le quintuple vainqueur du Tour est un menteur – mais quel champion cycliste ne l'est pas un tant soit peu dans l'exercice de ce métier aux mille ficelles ? – et accessoirement un dopé. Sur ce thème, le plus aguicheur, l'Américain s'en sort paradoxalement avec les honneurs puisque les témoignages, concernant des produits non identifiés, ne permettent à aucun moment du récit d'élever le coureur de l'US Postal au niveau de dopage présumé de ses dauphins, ceux du Tour 2002 par exemple. Or, ce qui importe réellement aujourd'hui est de savoir si Armstrong a usurpé le palmarès de la plus grande course au monde en battant des adversaires moins équitablement armés que lui, et s'il représente « le plus grand come-back ou la plus grande fraude de l'histoire du sport », selon l'interrogation de Greg LeMond, qui reste hélas en suspens.

Accoutrement hors d'usage pour Mario Cipollini, champion hors d'âge.

Que le public l'aime ou pas, qu'il incarne ou non l'Amérique envahissante et guerrière de son ami George W. Bush, Lance Armstrong, en se lançant à l'assaut d'un sixième titre dont il n'a en rien besoin, se pose bel et bien en reconstructeur mondial d'un Tour de France laissé en lambeaux par ses prédécesseurs au palmarès, feu Marco Pantani, Jan Ullrich et surtout Bjarne Riis, parfait usurpateur, celui-là, des années EPO. Et ce n'est pas forcément un plaisir, pour les vrais amoureux du cyclisme, de retrouver le Danois à la tête d'une équipe CSC articulée autour du médecin-entraîneur italien Luigi Cecchini.

Le vélo a besoin de sang neuf, si l'on veut bien pardonner l'expression. Il en reçoit à Liège dès le prologue, remporté par le Suisse Fabian Cancellara. Surprise ? Seulement pour les observateurs qui ne s'intéressent qu'aux Grands Tours, auxquels le jeune coureur de la Fassa Bortolo n'a jusque-là jamais pris part. Dans des épreuves secondaires, comme le GP Erik Breukink ou le Tour de Suisse, cet ancien champion du monde junior du contre-la-montre a déjà par le passé dominé Bradley McGee, le vainqueur du prologue du Tour 2003.

Cette fois, la tâche lui est facilitée par la faute de l'Australien, qui s'est égaré à planter des oliviers six jours avant le grand rendez-vous de la Cité Ardente, suivi par 250 000 spectateurs – quel succès ! Souffrant du dos, le leader de la Fdjeux.com se contente de la quatrième place. Mais l'événement est encore et toujours créé par Lance Armstrong. Resté dans l'ombre d'Iban Mayo au Dauphiné, il revient en pleine lumière dès le coup d'envoi du Tour de France. Deuxième du prologue, il assène déjà un coup de massue psychologique à ses adversaires en renvoyant Jan Ullrich (15e) à 15", Tyler Hamilton (18e) à 16", Iban Mayo (26e) à 19",

Roberto Heras (104ᵉ) à 37''. Le prologue, où la comptabilité en secondes peut paraître anodine sur le moment, est souvent riche d'enseignements pour la compétition à venir… Le Tour de France, toutefois, est bâti en forme de parenthèses. Après la courte épreuve chronométrée (6,1 km), place est offerte aux sprinters. D'Italie, revient Mario Cipollini, mais dans l'habit du parfait « has-been » ; du reste son dernier déguisement a dû être découpé aux ciseaux sur la ligne de départ du prologue car il s'agissait d'un accoutrement illégal. Les tifosi, naturellement, accordent plus de crédibilité à Alessandro Petacchi. Fort de ses neuf succès au Giro, il est présenté comme le nouvel ogre du sprint, que seuls Tom Boonen et Robbie McEwen semblent en mesure de taquiner. Baden Cooke, le maillot vert du Tour 2003, ignore encore que son nerf sciatique l'handicape énormément.

Jaan Kirsipuu, à 35 ans, est toujours vaillant. Hushovd et McEwen doivent patienter.

La Belgique est accueillante, même Grammont sans son mur.

Mais il convient de ne jamais sous-estimer les vieux routiers-sprinters. Ils savent se préparer et conservent dans leurs registres toutes les roueries du métier. Peu d'observateurs voient en Jaan Kirsipuu, 35 ans, un vainqueur d'étape potentiel. Erreur. Cela dit, lui-même commence à douter, vu qu'il n'a pas remporté de sprint massif depuis le mois de mars. C'était en Belgique et le plat pays est d'évidence une des terres d'élection de l'Estonien. Du Tour de France aussi d'ailleurs ! La région wallonne réserve à la Grande Boucle un accueil triomphal. En dépit du temps maussade, le public se masse par grappes sur les routes des Ardennes où l'organisation s'est bien gardée de faire passer la course par les côtes les plus raides, d'ordinaire empruntées par les classiques.

À Charleroi, Kirsipuu se dégage en force. Et en finesse. Impatient, Thor Hushovd lance trop tôt le sprint final, face au vent, aux 200 mètres. Il doit remettre au lendemain la conquête du maillot jaune qui reste sur les épaules de Cancellara, vu en action dans le final au service de Petacchi. « Je vais peut-être moins vite qu'il y a quelques années mais j'ai toujours de la force et, dans les arrivées difficiles comme celle-ci, cela reste un avantage », indique l'Estonien, fier une nouvelle fois d'avoir rempli son contrat et remis son équipe de toujours, Ag2r, sur le devant de la scène alors que, comme d'habitude, elle était injustement en retrait dans les expositions médiatiques d'avant-Tour.

Dans le groupe de Vincent Lavenu, un deuxième

sprinter est prêt à bondir. Le lendemain, sur la chaussée de Namur, Jean-Patrick Nazon remonte d'un cran dans la hiérarchie. Après que, selon la tradition, les baroudeurs du jour sont revus par un peloton glouton, le Vosgien se classe 3e derrière Robbie McEwen et Thor Hushovd. Au plat pays caractérisé par les compromis et les bagarres, Wallons et Flamands sont capables de se déchirer sur tous les sujets puis de se rassembler dans la célébration, majestueuse, du Tour de France. On ne touche, de ce côté du Quiévrain, ni au cyclisme ni à la royauté, qui réunissent les deux communautés, mais il demeure toujours, même en présence d'Albert II sur la ligne d'arrivée, une rivalité entre Lotto-Domo et Quick Step. Oubliée en début de journée quand il s'agit d'honorer la mémoire de Steve Vermaut, ancien coureur de Lotto, mort d'un arrêt cardiaque, elle resurgit à l'heure du sprint.

Pour la deuxième étape d'affilée, Tom Boonen, le nouveau symbole de Quick Step dès lors que Johan Museeuw est retraité, déplore un saut de chaîne dans le rush final. C'est d'autant plus rageant pour ses troupes que les félicitations du roi reviennent à un Lotto, Robbie McEwen, Australien installé et marié en Belgique.

Thor de France

Au fait, que devient Petacchi ? Est-il dans un domaine autrement plus concurrentiel que celui du Tour d'Italie où il avait la victoire facile ? À tout le moins, il n'est pas dans son assiette. Pas grave. Le Tour de France est friand de nouvelles têtes : voici celle de Thor Hushovd. Deuxième à Namur, il est le nouveau leader. « J'étais venu au Tour avec trois objectifs, indique-t-il : porter le maillot jaune, au moins une journée, gagner une étape et me battre pour ramener le maillot vert à Paris. En voilà un de réussi. C'est déjà formidable. » Avec lui, tout un pays de skieurs s'enflamme pour « le Thor de France ». En Norvège,

À Namur, Robbie McEwen se prend pour le roi des Belges et Thor Hushovd voit jaune.

Destins croisés : Arvesen, l'autre Norvégien, finit à terre ; Mayo découvre le mauvais goût des pavés.

Deux Norvégiens sur le Tour : l'un à terre et l'autre en jaune le même jour

Thor se prononce Tour... À 26 ans, le coureur le plus performant du Crédit Agricole ne bénéficie pas encore du respect suffisant de l'ensemble du peloton, sans quoi il aurait bénéficié de la mansuétude des favoris et de la règle qui veut qu'on n'attaque pas un maillot jaune à terre. Cela se produit sur les pavés du Nord.

Le retour des pavés

S'il fut un temps où ils représentaient un élément à part entière des étapes clés du Tour de France, quitte à perturber le règne de Bernard Hinault par exemple, dix-neuf ans ont passé, au cours desquels les organisateurs ont préféré épargner aux concurrents les risques inhérents au franchissement des sentiers de l'Enfer. En 2004, Jean-Marie Leblanc a enfin osé remettre au goût du jour la spécialité de sa région d'origine, oh ! pas grand-chose, seulement 3 900 mètres regroupant deux secteurs pavés, pas les moins praticables, loin de là.

Il n'en faut pas plus pour créer de l'intérêt, sortir de la litanie des échappées de Jakob Piil en préambule des sprints massifs. Au moins, la peur est dans les cœurs. Et c'est le doute qui fait avancer le champion. Comme le Tour de France a pour ambition de consacrer le cycliste le plus accompli, et pas seulement le meilleur rouleur ou l'homme le plus fort en montagne, il est de son devoir de proposer ce genre d'exercice. Tant pis pour les cyclistes des temps modernes qui, à force de se spécialiser, ont négligé certaines facettes primordiales de leur sport. Iban Mayo n'est guère à l'aise sur les pavés ? Nul ne lui a interdit de participer à Paris-Roubaix précédemment.

Lance Armstrong, au contraire, apparaît volontaire quand il sent poindre à l'horizon les portions délicates du parcours. Il possède à son service deux guerriers rompus au franchissement des pavés : George Hincapie et Viatcheslav Ekimov. Quand il leur emboîte le pas dans le secteur d'Erre, Mayo, victime d'une chute à l'heure des frottements dans le peloton, et Hushovd, tombé lui aussi, sont déjà loin derrière. Entre les deux zones pavées, situées à 60 et 24 kilomètres de l'arrivée à Wasquehal, les Phonak de Tyler Hamilton – étonnant que celui-là, d'ordinaire si maladroit, soit resté en position verticale – et les T-Mobile de Jan Ullrich embrayent en compagnie des postiers américains ; c'est irrémédiable pour les hommes lâchés. Et voilà un adversaire pour le classement général écarté par Armstrong : le Tour est fini avant même de commencer pour le vainqueur du Dauphiné encore ignorant de la

Deuxième victoire pour Ag2r : Nazon exulte à Wasquehal.

Intermède en jaune pour McEwen.

mononucléose qui ronge son organisme. Le sprint final regroupe 83 coureurs, même pas la moitié du peloton, 4' environ avant le groupe Hushovd-Mayo. C'est l'occasion de voir Jean-Patrick Nazon et une deuxième victoire d'étape pour Ag2r ! Le Français, déjà maillot jaune une journée et vainqueur sur les Champs-Élysées en 2003, se confirme un homme du Tour. Cinquième à Charleroi, 3e à Namur, une progression logique le place sur la première marche et lui donne une drôle d'impression : « Le Tour, c'est presque plus facile que les autres courses. » Troisième derrière Erik Zabel, Robbie McEwen s'offre un intermède en jaune, sans le vouloir, un comble !

Du jour au lendemain, le Tour multiplie les amuse-gueule controversés. Après les pavés, voici le contre-la-montre par équipes. Dix ans plus tôt, le reste du monde reprochait aux organisateurs français de continuer à placer invariablement cet exercice sur sa carte alors que les autres Grands Tours en avaient fait leur deuil. Les purs grimpeurs devaient à l'époque compléter leur formation de quelques rouleurs finement choisis pour une seule journée de labeur afin de céder le moins de terrain possible aux autres favoris. Entre 1995 et 2000, quatre éditions du Tour de France se sont déroulées sans contre-la-montre par équipes. L'injustice de l'épreuve apparaissant de nouveau au grand jour, l'organisation a cette fois trouvé une pirouette : le temps compensé. Ainsi, les 2e, 3e, 4e, etc., ne perdent au maximum que 20, 30, 40", et ainsi de suite jusqu'à un plafonnement à 3'. « S'ils ne veulent plus de contre-la-montre par équipes, autant le supprimer », peste Johan Bruyneel, le directeur sportif de l'US Postal, qui voit l'injustice dans le sens inverse de l'opinion générale : ce sont ses hommes à lui qui perdent dans l'affaire du nouveau règlement une bonne partie du bénéfice de leurs efforts.

C'est l'US Navy

Pour la deuxième année consécutive, le train postal est le plus rapide. Pas d'entrée de jeu, puisqu'au dix-neuvième des 64,5 km, les cow-boys pointent en cinquième position à 37" des Espagnols d'Iles Baléares, devancés aussi par Alessio, Phonak et Liberty Seguros. À ce moment-là, Benjamin Noval, le néophyte de la formation US, lâche prise car il souffre encore des chutes survenues la veille, sur les pavés. Alors que T-Mobile n'est même pas aussi valeureuse que la Bianchi de 2003 lorsque l'escouade de Jan Ullrich était composée de bric et de broc, le staff allemand fait une nouvelle fois piètre figure à l'heure où Lance Armstrong et ses hommes redoublent d'efforts et prennent la tête aux deux tiers du parcours.

Aucune équipe n'est en mesure de les inquiéter. Si bien que Phonak, malgré tous les malheurs du monde et une mésentente qui n'apporte guère de crédit à son directeur sportif Alvaro Pino, termine 2e avec seulement cinq coureurs sur neuf, c'est dire la performance individuelle de Tyler Hamilton ! En quatre ans, sa métamorphose est flagrante puisque, lors de la réapparition, en 2000, du contre-la-montre par équipes entre Nantes et Saint-Nazaire, l'ancien skieur explosait au franchissement du pont au-dessus des chantiers de l'Atlantique, et Armstrong devait l'attendre, de même que Frankie Andreu, houspillé pour ne pas être en mesure de suivre le train en marche. Depuis qu'il a quitté l'US Postal et rencontré chez CSC Bjarne Riis et le Dr Cecchini, Hamilton a réalisé des progrès faramineux. L'US

Malgré la pluie, l'US Postal est intraitable en contre-la-montre par équipes.

Les faramineux progrès de Tyler Hamilton placent Phonak en deuxième position.

60e jour en jaune pour Armstrong.

Postal aussi, dans le même laps de temps. Ceux-là, toutefois, se situent d'abord dans le domaine technique. Armstrong a beau demeurer le plus fort de son groupe, il connaît aujourd'hui le dosage de l'effort et les bénéfices de l'harmonie collective. Il communique d'ailleurs beaucoup sur ce thème, désormais, quitte à paraître fade comparativement à la personnalité individualiste qui était la sienne en début de carrière.

Abandons en série

Sous la pluie, parfois diluvienne, l'Américain rayonne. Le voilà parti pour un 60e jour en maillot jaune. Aucun doute, le Tour a retrouvé son chef. Mais il ne fait pas mystère de ses intentions : hors de question de mettre son groupe à contribution pour défendre prématurément la place de leader. Le scénario parfait pour lui consiste à ce qu'une équipe sans ambition au classement final s'empare du fameux paletot. Rien de mieux ne peut lui arriver que la prise du pouvoir par un petit Français.

L'affaire, du reste, se joue entre les deux équipes les plus populaires du pays : Fdjeux.com et Brioches La Boulangère. Le jour même où elles déplorent chacune la dérive physique et morale d'un des leurs, Bradley McGee d'un côté et Maryan Hary de l'autre, elles comptent Sandy Casar et Thomas Voeckler dans la bonne échappée, en compagnie du vainqueur de Paris-Roubaix, Magnus Backstedt, de l'inévitable Jakob Piil et de Stuart O'Grady. Le lendemain du contre-la-montre par équipes est toujours opportun pour les volontaires, il représente souvent le jour de relâche pour les formations des sprinters. Comme en plus Mario Cipollini, fantomatique, et Alessandro Petacchi, énigmatique, jettent l'éponge, le champ est libre. Voeckler, déjà, joue au bluff dans son joli maillot de champion de France mais O'Grady, logiquement, l'emporte à Chartres.

Sale temps pour McGee.

Cipollini, le vacancier, rentre « a casa »...

À Chartres, Voeckler a beau jouer au bluff, O'Grady est évidemment le plus rapide.

La France cultive une tradition d'accueil... pas toujours au plaisir des hommes du Tour.

C'est en se rapprochant de ses bases vendéennes que Voeckler, né en Alsace, élevé en Martinique, découvre le vrai sens de la popularité. Un quart de siècle après une victoire de Jan Raas, la ville d'Angers accueille enfin le Tour, de nouveau. Dans la cité du roi René, la foule est monstrueuse pour assister au sprint, conclu en légère montée, dans un cadre somptueux. O'Grady, qui connaît le voisinage pour avoir cueilli son premier maillot jaune à Cholet en 1998 par un jour célèbre de visite sur le Tour de la police judiciaire, n'est pas loin de réaliser le doublé, mais il doit se contenter de la deuxième place à cause de l'émergence du jeune champion Tom Boonen. « Quand je ne fais pas d'erreur, je gagne la plupart du temps », signale tout bonnement l'Anversois. Cette fois, le secret de la réussite réside dans la dextérité à franchir sans tomber le portique soutenant la flamme rouge du dernier kilomètre. L'ex-maillot jaune McEwen est à terre, de même que Tyler Hamilton. L'Américain souffre du dos, et il éprouve un mal de chien à accepter la disparition de son animal domestique, Tugboat. Se fait-il aussi du mauvais sang ?

En Anjou, Voeckler découvre le vrai sens de la popularité !

Haut gauche :
Son et lumière devant le château du Lude.

Haut droit :
Haselbacher est le spécialiste des chutes fatales.

Bas :
Tom Boonen est royal en montant dans les rues d'Angers.

Filippo Pozzato : l'émergence d'un super talent à Saint-Brieuc.

En matière de dopage, il y a deux poids, deux mesures. Des grands voleurs courent toujours et l'on arrête des innocents. Contrôlé positif à la méthadone, un substitut à la prise de cocaïne dont aucun habitué des produits aidant à la performance ne comprend l'utilité pour un cycliste du Tour de France, le Belge Christophe Brandt est prié, à Angers, de boucler ses bagages, en vertu du désormais sacro-saint principe de précaution, avant d'être blanchi. On vit dans un drôle de monde, finalement pas si éloigné par ses méthodes des arcanes du pouvoir : de la même manière que Jean-Pierre Raffarin fait démissionner un ministre quand il est mis en examen, donc présumé innocent, avant de lui redonner un portefeuille à la faveur d'un remaniement une fois qu'il a été jugé et reconnu coupable de trafic d'influence, le directeur du Tour de France empêche, par des moyens de pression à la limite du cadre légal, la participation de Cédric Vasseur et Danilo Di Luca sur simple justification de leur mise en examen alors que des coureurs contrôlés positifs ou impliqués dans des trafics retrouvent sans problème leur place dans le peloton après avoir purgé une courte peine. Est-il décent, comme le fait Jean-Marie Leblanc, de tresser autant de louanges à Richard Virenque tout en clouant au pilori, et à courte vue, Cédric Vasseur ? Exclure en milieu d'épreuve Stefano Casagrande et Martin Hvastija pour de vieilles histoires italiennes ne suffit pas à éloigner les mauvaises odeurs de dopage que continuent d'apporter les médecins transalpins.

Vent de fraîcheur

Heureusement, l'Italie sort aussi de sa botte des purs talents. Libéré par l'abandon de Petacchi pour qui il devait emmener les sprints en début d'épreuve, Filippo Pozzato, 23 ans, émerge à Saint-Brieuc d'un groupe de sept échappés et devance les Espagnols Iker Flores et Francisco Mancebo. Un vrai vent de fraîcheur souffle sur ce Tour de France, et Thor Hushovd s'inscrit, après Cancellara, Boonen et Pozzato, dans cette lignée, tout au bout de l'escapade bretonne de la Grande Boucle. Il s'impose à Quimper, déployant ses bras en ciseaux comme un goé-

À Quimper, Hushovd le Viking déploie ses ailes.

Un champion de Norvège rayonnant.

Brioches La Boulangère montre un vrai collectif au service de Thomas Voeckler.

Les goûts des Français ne se discutent pas.

land ses ailes, sous la pluie, un temps parfait pour un Norvégien.
« Il pleut, certes, mais cela m'importe peu car je vis de grands moments de bonheur », signale Thomas Voeckler. Le lutin de La Boulangère donne de l'éclat au maillot jaune. Il enchante le monde par ses commentaires bien construits, énoncés avec le sourire, aussi bien en anglais sur les chaînes internationales qu'en créole. À Quimper, il est du reste tout heureux de recevoir la visite de sa maman et de son petit frère, Loïc, venus de Martinique partager avec lui ces instants magiques.
Après un transfert en avion, de l'extrême ouest

de la Bretagne au plein centre de la France, pour un départ d'étape organisé à Saint-Léonard-de-Noblat, le pays de Raymond Poulidor, Voeckler conserve tant d'entrain qu'il est encore aux avant-postes dans le groupe de huit qui se dégage au kilomètre 0 et comprend encore Pozzato. En se glissant dans un coup comme celui-là, le maillot jaune ne se rend guère populaire auprès des attaquants. Tout est rapidement à recommencer, mais les baroudeurs sont habitués : chaque jour, sur le Tour, la première heure est ahurissante. De toutes parts, on essaie de sortir du rang. Même Iban Mayo fait une tentative. Un test avant les Pyrénées.

Son coéquipier d'Euskaltel Inigo Landaluze connaît plus de réussite en formant un duo avec Filippo Simeoni (Domina Vacanze). Une bonne partie de manivelles est engagée. L'opinion s'amuse de voir à l'avant l'Italien, pourfendeur de Lance Armstrong, contre qui il a engagé un procès en diffamation dans les méandres de la saga Ferrari. L'Américain a d'autres chats à fouetter, pour l'instant, dans la conquête de son sixième Tour, que d'inciter son équipe à rouler derrière Simeoni. La Boulangère s'en charge, la tâche lui incombe de fait dans la défense du maillot de Voeckler, avant que les équipes de sprinters ne prennent le relais.

En théorie, avec 1'28'' d'avance à 10 kilomètres de l'arrivée à Guéret, dans le département de la Creuse où jamais encore le Tour n'avait fait étape, le Basque et l'Italien ont course gagnée, du moins l'un d'entre eux. Et c'est là où le bât blesse. S'ils se livrent à fond tous les deux, il y aura un per-

L'échappée belle de Landaluze et Simeoni.

Des nouvelles d'Australie ? Wilson et Cooke sont moins à la fête cette année.

dant. Pour l'emporter, il faut fournir un peu moins d'efforts que l'autre. C'est ainsi que deux échappés proches de la victoire deviennent tous les deux des « losers ». Tant pis pour Landaluze, qui refuse des relais dans le dernier kilomètre.
Il est encore 10e sur la ligne d'arrivée, mais englouti par la meute des sprinters. Entre les trois premiers, c'est très serré. Thor Hushovd fulmine contre lui-même, contre cette hésitation qu'il a marquée après avoir lancé le sprint final. Comme le Norvégien, Stuart O'Grady, 3e, passe tout près d'une deuxième victoire d'étape, cet honneur de réaliser le doublé revient à Robbie McEwen qui consolide ainsi pour de bon son maillot vert. Après cette dernière étape de transition, un autre Tour de France, enfin, peut commencer.

Virenque calcule

Dans le Massif central, la route s'élève, et Richard Virenque aussi, c'est inévitable. Le chouchou de la France a bien renâclé en se présentant une nouvelle fois au départ du Tour. Au lieu d'annoncer clairement ses objectifs, comme il en a l'habitude, et de promettre du grabuge, il a parlé de lassitude, des difficultés de plus en plus prononcées à quitter le domicile familial, il a évoqué une fin de carrière proche, sans toutefois en fixer la date et les modalités. Il ne songe pas encore à faire ses adieux au music-hall mais à une tournée délicate puisque, cette fois, il est conscient que le nouveau barème de points pour l'attribution du maillot à pois, qui double la mise au sommet du dernier col de la journée, ne lui

Hushovd hésite, McEwen le saute sur la ligne.

On change de course, ça monte !

Thomas Voeckler reste en jaune.

facilite pas la tâche. Il perçoit dans ce changement une manœuvre délibérée de l'organisation du Tour pour l'empêcher de conquérir un septième titre de meilleur grimpeur, ce qui constituerait un record absolu après avoir égalisé les scores de Federico Bahamontès et Lucien van Impe en 2003. En réalité, plus qu'à la personne de Virenque, la direction sportive de l'épreuve s'est attaquée, par cette initiative, au désintérêt patent des purs escaladeurs et des multiples vainqueurs du classement général, particulièrement Miguel Indurain et Lance Armstrong ces dernières années, pour le classement de la montagne. Au lieu de se détacher de son objectif naturel, Virenque a au contraire tout calculé. Pour lui, c'est clair, la conquête des pois passe par une récolte importante dans le Massif central. Sur ces routes vallonnées et granuleuses, il ressert tous les ingrédients du succès destiné à impressionner les foules : une longue échappée, réalisée un 14 juillet, journée symbolique et chômée, sous la chaleur enfin revenue sur la France...
Si le cliché est facile, la réalisation ne tient pas du hasard. On ne roule pas à 39,5 km/h de moyenne pendant 237 kilomètres sur terrain accidenté, avec Axel Merckx pour seul compagnon de route pendant les deux tiers de l'aventure (208 km d'échappée au total !), par la seule grâce des encouragements du public. Faut-il expliquer par la rivalité Lotto-Quick Step la crucifixion de Merckx que Virenque lâche irrémédiablement dans le pas de Peyrol à 60 bornes du but ? Sans doute éloigné de ce conflit belgo-belge, le Français affiche surtout une condition largement supérieure à celle de son compagnon, mais pour résister au retour des poursuivants, il doit surmonter les crampes. « Je n'en pouvais plus mais j'avais en moi une force inouïe », lâche-t-il en pleurant deux êtres chers récemment décédés.

Moncoutié, enfin

Le soir du magnifique triomphe de Virenque, Cyrille Guimard se fend, sur les ondes d'Europe 1, d'une diatribe sans retenue à l'encontre de David Moncoutié qu'il avait lancé dans le grand bain en 1997. « Mais quand va-t-il attaquer ? Pourquoi n'accompagne-t-il pas Virenque alors qu'il en a les moyens physiques ? » tempête l'ex-meilleur directeur sportif du monde, dont les élèves ne sortent généralement que des pâles photocopies des plans tactiques qu'il leur a enseignés.
« Moncoucou » entend bien le message. Il réagit en s'imposant le lendemain, au terme d'une étape

Revoilà la star du music-hall !

Sur les routes du Lot, David Moncoutié prend enfin sa chance, tant pis pour Martinez et Flecha.

plus courte (164 km) et qui, par conséquent, lui convient mieux, avance-t-il comme justification à son apathie lors de la première portion vallonnée du Tour de France. Depuis 1983 et la victoire à Morzine, dans sa Haute-Savoie natale, de Jacques Michaud, aujourd'hui directeur sportif adjoint chez Phonak, jamais un Français ne l'avait emporté dans son département d'origine. Tant pis si Moncoutié attend ses 29 ans pour décrocher le pompon à Figeac, dans le Lot, le bonheur n'en est que plus grand.

Échappé avec deux Espagnols, Juan Antonio Flecha et Egoi Martinez, à 115 kilomètres de l'arrivée, il s'isole à 9 bornes du but, dans la côte de Montsalvy, qu'il ne connaissait pas vraiment mais que des copains lui avaient décrite en précisant : « Tu bascules avec 20" d'avance et c'est gagné. » Comme Virenque, il rend hommage à une grand-mère décédée, c'était trois jours plus tôt, mais, dans la bouche de Moncoutié, les mots sont empreints d'une plus grande pudeur.

Inspiré par les autres Français, Frédéric Finot embraie en vue des Pyrénées.

Tyler Hamilton prétend que son dos lui fait un mal de chien, mais la crédibilité de cet outsider du Tour est sur le point d'être battue en brèche après son abandon.

Jan Ullrich n'est pas au niveau où on l'attendait. Les erreurs se paient cash.

Les deux ténors des Pyrénées sont Ivan Basso et Lance Armstrong. Dès la première montée, la hiérarchie est connue.

La foule, toujours au rendez-vous, effraie Jan Ullrich, isolé.

Au plateau de Beille, Lance Armstrong inverse les rôles de La Mongie la veille. Cette fois, il devance Basso.

Moncoutié rate une immense occasion de revendiquer qui il est vraiment, ce qui aurait contribué tout à la fois à expliquer la faiblesse de son palmarès comparativement à son potentiel physique et à démontrer au grand public qu'une belle victoire d'étape à l'eau claire, sur le Tour de France, n'est pas un mythe mais bel et bien une réalité. Moncoutié, c'est ce coureur 100 % naturel qui n'est tombé dans aucun travers – les témoignages sont unanimes – à la différence de l'autre David de Cofidis, Millar, son alter ego, passé pro aussi jeune, dans la même équipe, avec les mêmes convictions, mais noyé dans la marmite du dopage à cause de mauvaises fréquentations en cours de route.

Moncoutié, souvent accusé de manque d'ambition, ce qui n'est pas forcément irréel, devrait être l'icône du cyclisme moderne, le vrai symbole de l'assainissement du peloton depuis les affaires débutées en 1998. Même quand les scandales éclaboussent Cofidis, il reste blanc comme neige. Il est tellement parfait qu'il ne fait aucun commerce, même pas médiatique, de son choix, personnel et définitif, de refus du dopage. Jamais il n'est entré en croisade, à la différence de Christophe Bassons, qui s'est brûlé les ailes à ce jeu dangereux. D'accord, Moncoutié est un être réservé, mais là, vainqueur d'étape du Tour, il aurait été bon qu'il utilise la caisse de résonance de l'épreuve pour clamer sa vérité : un cycliste de haut niveau n'est pas nécessairement un dopé !

La chronique, hélas, change de ton dès lors que se présentent les Pyrénées. Où l'on se rend vite à l'évidence : tout ne tourne pas rond du côté d'Hamilton, de Mayo ou de Zubeldia. Que se passe-t-il donc chez Euskaltel pour que les Orange, plus du tout mécaniques, soient ainsi vidés de leur jus à la vue de leurs montagnes préférées, où les attendent des milliers de supporters basques ?

Depuis qu'il a pris l'habitude de remporter le Tour de France, Lance Armstrong s'ingénie à mettre K.O ses adversaires dès la première arrivée au sommet, sans nécessairement enfiler le maillot jaune ou remporter l'étape : Sestrières en 1999, Hautacam en 2000, L'Alpe d'Huez en 2001, La Mongie en 2002. Comme le Tour revisite régulièrement ses hauts lieux, après L'Alpe d'Huez en 2003,

c'est encore La Mongie qui lui sert de terre d'accueil en 2004. En concentrant en troisième semaine les difficultés, contre-la-montre compris avec l'innovation de L'Alpe d'Huez, les organisateurs ont programmé un scénario, mais en définitive, les coureurs en restent maître.
De nouveau, Ullrich flanche au premier assaut. À 5 kilomètres du sommet, l'Allemand comprend son incapacité à suivre le rythme d'enfer mené par le Portugais José Azevedo, remplaçant à l'US Postal d'un Roberto Heras que l'on retrouve cette fois aux abonnés absents alors qu'il effectuait ce même travail, à la perfection, deux ans plus tôt, en faveur de l'Américain. L'Espagnol a-t-il été bien inspiré de sortir de l'auberge ?
À l'inverse, un espoir déchu se remet à table : Andreas Klöden, vice-champion olympique en titre, invisible depuis quatre ans, mais magnifique en ces lieux par son coup de pédale et sa nouvelle tenue de champion d'Allemagne, s'insère parmi les grands grimpeurs, à l'étage où il était attendu depuis sa victoire à Paris-Nice en 2000. Par ailleurs, Oscar Pereiro, le vainqueur de la Classique des Alpes, découvre la liberté chez Phonak. Francisco Mancebo et Carlos Sastre osent de leur côté, mais le seul coureur capable de suivre Armstrong dans sa chevauchée jusqu'à La Mongie est Ivan Basso.
L'Italien a les faveurs de l'Américain qui s'attend à être payé en retour de sa mansuétude. Armstrong a aussi de la compassion car il sait que la « mamma » Basso est hospitalisée pour un cancer. Voici plus de trois ans que cet ancien champion du monde espoir n'a pas remporté de course !
Le mal est réparé à La Mongie, où Thomas Voeckler ne concède que 4 des 9 minutes et demie d'avance qu'il comptait au départ de l'étape sur le leader de l'US Postal. Pour Armstrong, le coup est parfait. Tout en assommant ses rivaux, il contente en même temps Basso et la France d'en bas, qui s'entiche encore plus de son petit homme en jaune.

Voeckler héroïque

L'histoire est d'autant plus sympathique qu'apparaît un collectif soudé et une vraie stratégie pour conserver le maillot jaune au sein de l'équipe Brioches La Boulangère. Afin de garder des forces pour le franchissement des cols les plus rapprochés de l'arrivée, et d'éviter ainsi les obligations de poursuite qui incombent de facto à la formation du leader, Jérôme Pineau se glisse dans un coup matinal. Mais c'est surtout Sylvain Chavanel qui se distingue au cours d'une très longue échappée menée de concert avec Jens

Poing final à la souffrance.

Voigt (CSC), renforcée ensuite par Michael Rasmussen (Rabobank). Du coup, il revient à l'US Postal de réguler l'allure en tête de peloton.
Dans le Portet d'Aspet, où coureurs et suiveurs ont une pensée pour Fabio Casartelli, mort en ces lieux en 1995, Thomas Voeckler donne des signes de fatigue. Il est attendu par son coéquipier Laurent Lefèvre. À ce moment de l'étape, on ne donne pas cher de ses chances de demeurer en jaune. Mais le nouveau héros français a une caractéristique étonnante : il procède par à-coups, au feeling et au courage. Fréquemment, il peine avant de reprendre sa place avec autorité.
Intelligent, il décroche parfois juste avant le franchissement d'un col, sachant que la descente va lui permettre de réintégrer le peloton. Sa maîtrise contraste avec l'abandon des stars, qui confirme les impressions de la veille : après Haimar Zubeldia, Tyler Hamilton se retire et Iban Mayo est sur le point de l'imiter en passant par le col de Latrape quand ses équipiers, son staff et des fans tout d'orange vêtus, l'exhortent à repartir suite à ce qui devient un changement de vélo et non un arrêt au stand, pour le moment.
Rasmussen et Voigt, qui ont distancé Chavanel, comptent encore 3'10" d'avance au début de l'ascension vers le plateau de Beille, longue de pratiquement 16 kilomètres. Peine perdue. Christophe Moreau n'est guère en veine. Le leader du Crédit Agricole marche fort, mais crève au plus mauvais moment. Pour la deuxième journée d'affilée, Jan Ullrich est distancé. Les derniers à pouvoir s'accrocher dans le sillage d'Armstrong et de son coéquipier José Azevedo sont Mancebo, Klöden et Pereiro. Lorsque Azevedo se relève, à 6 kilomètres du haut, ne reste plus que Basso dans le sillage de l'Américain qui prend les mêmes

Pour 22", Voeckler garde le maillot.

et recommence, à la différence près que, cette fois, il n'offre pas la victoire d'étape à l'Italien de CSC.

Le vrai suspense est entretenu par Voeckler. La France entière compte les minutes pour lui : 3'55" de retard à 5 kilomètres du but, 4'10" sous la flamme rouge. Il regarde le chronomètre géant et serre le poing, fier de son exploit, en constatant que, avec moins de 5' de débours, il conserve son maillot jaune. Pour 22" ! C'est héroïque et cela suffit à faire oublier que le duel Armstrong-Ullrich ou la grande bagarre pour la victoire finale, échafaudés depuis onze mois, ce n'est pas pour cette année.

Il fut un temps où les canons du cyclisme étaient bien précis en fonction de la provenance des compétiteurs : un Espagnol dans le Tour de France, c'était forcément – et exclusivement – un grimpeur, de préférence dans les Pyrénées.

Ullrich, Virenque et Rasmussen sont entreprenants dans le Vercors. Mais pas résistants.

Cette année, les Ibères sont entreprenants, mais surtout là où on ne les attend pas : Juan Antonio Flecha, à l'attaque sur le plat avant d'arriver à Angers, Iker Flores et Francisco Mancebo, 2e et 3e à Saint-Brieuc, Inigo Landaluze, à un souffle de la gagne à Guéret, Flecha encore et Egoi Martinez, dauphins de David Moncoutié à Figeac. Mais à la sortie de leur massif de prédilection, ils n'ont toujours pas remporté la moindre étape.

Aitor Gonzalez, vainqueur surprise de la Vuelta 2002, parti de la Kelme pour monnayer son talent chez Fassa Bortolo avec beaucoup moins de succès sportif, inverse les rôles en devançant trois Français à Nîmes : Nicolas Jalabert, Christophe Mengin et Pierrick Fedrigo. Le clan espagnol doit toutefois s'accommoder du retour au pays d'Iban Mayo, non partant en vue des Alpes. Étrange cyclisme ibérique dont l'autre grand leader, Roberto Heras, est transparent. Et ce n'est pas l'affaire d'un seul homme. Comment donc la ONCE a-t-elle pu générer une descendance aussi médiocre que la Liberty Seguros ? Et la terrifiante Euskaltel, privée de Gorka Gonzalez avant le départ de Liège et de son médecin impliqué dans le dossier Millar ? A-t-elle enclenché la marche arrière face à des contrôles plus pointus ?

Du coup, alors que les grandes manœuvres étaient annoncées à partir du Vercors, Lance Armstrong n'a plus qu'un homme à surveiller : Ivan Basso. Jan Ullrich, pointé à près de 7' au général, a donc tout loisir de tenter un baroud d'honneur dans le col de l'Écharasson, le prétendu piège sur la carte du Tour. L'aventure de l'Allemand, en quête de rachat, s'étend sur 32 kilomètres de course. Comble de l'ironie : comme si l'événement n'était pas déjà en manque cruel de suspense, l'équipe CSC fait le lit de l'US Postal en décrochant Jens Voigt d'une échappée matinale et en roulant groupée derrière Ullrich. La course vient seulement d'entrer dans les Alpes et on sort déjà la calculette ! Armstrong avance comme qui rigole, d'autant plus facilement qu'Andreas Klöden, au lieu d'attaquer pour la victoire d'étape, lui emmène le sprint en s'imaginant qu'Ullrich a une chance de l'emporter à ce jeu-là. Foutaises...

On est bien à Villard-de-Lance ! C'est là que se termine l'aventure en jaune de Thomas Voeckler,

Aitor Gonzalez ressort de l'ombre à Nîmes.

On est bien à Villard-de-Lance !

Retour en jaune.

La France a trouvé son petit prince : Thomas Voeckler.

allié naturel et involontaire du grand favori du Tour durant douze jours. Pendant que la France aime l'un des siens, elle ne déteste pas l'Américain, c'est aussi simple...
Après la conjonction de facteurs positifs donnant au Tour du centenaire un éclat merveilleux, il fallait que les organisateurs inventent quelque chose de particulièrement attractif un an plus tard. L'ascension, contre la montre, de L'Alpe d'Huez fournit l'aubaine. C'est une première. Une idée formidable... jusqu'à sa réalisation. Au final, même Jean-Marie Leblanc, le metteur en scène, conclut qu'elle n'était peut-être pas si bonne. En fait, il est impossible de résoudre la quadrature du cercle. Le cyclisme a besoin du public pour préserver sa magie et son impact, mais la foule est une arme à double tranchant. Elle effraie les coureurs, stressés au départ, soulagés à l'arrivée que rien de catastrophique ne se soit produit.
Sur la première moitié du parcours, l'absence de barrières permet aux fans, selon leur préférence, de partager l'asphalte avec les concurrents. Le contact avec la foule est direct, endiablé, sans retenue. Il donne lieu à quelques débordements. D'ordinaire d'un fair-play exemplaire, le public du cyclisme est cette fois infesté d'une poignée de spectateurs indignes. Ce ne sont pas les Français qui s'en prennent à Lance Armstrong, comme dans le Ventoux en 2002. Les gens du pays ont fini par se résigner à le voir s'imposer. En fait, le maillot jaune reconnaît des drapeaux et la langue allemande de quelques énergumènes qui lui crachent au visage.

L'Alpe d'Huez sans incidence

La folie est à la fois belle et furieuse sur ces pentes alpestres, mais aucun incident ne perturbe finalement le déroulement sportif du contre-la-montre. L'unique anicroche influant sur le classement de l'étape est la crevaison, à 3 kilomètres du sommet, donc dans un secteur protégé de la foule, de Stéphane Goubert. Sans cela, le coureur d'Ag2r, 11e, aurait terminé dans les cinq premiers ! Sa performance athlétique, formidable, aurait alors eu un autre éclat. Dommage !
Pour le reste, le verdict est finalement sans saveur particulière. Armstrong maîtrise son sujet à la perfection. Il a préparé ce rendez-vous. « Mais escalader l'Alpe d'Huez en mai sans la présence du public, c'est totalement différent », relève-t-il. Il relègue à 1' un Jan Ullrich incapable de se

La foule est une arme à double tranchant

Voeckler lutte pour le maillot blanc, Klöden pour la deuxième place.

Impitoyable, Armstrong double Basso.

Virenque à la chasse aux pois, avec Moreau et Simoni.

mettre en danseuse et d'emmener un braquet plus léger. Troisième, son copain Andreas Klöden a meilleure allure. Ces deux-là jouent, derrière Armstrong, une version germanique de « la belle et la bête », mais au final, le débours d'Ullrich est tout relatif : un an plus tôt, au terme d'une étape en ligne à l'Alpe d'Huez, il avait concédé 2' à l'Américain. Perd-il en élégance ce qu'il gagne en efficacité ? En tout cas, il reste le battu magnifique de l'époque moderne.
Huitième de l'étape, Ivan Basso déçoit quelque peu. Relégué à 3'48" d'Armstrong au général, il sait dès lors qu'il n'a plus aucune chance de détrôner le maître si toutefois cette perspective l'a un temps effleuré...
Dans la dernière étape des Alpes, réapparaissent les stars vieillissantes du cyclisme italien, Gilberto Simoni et Michele Bartoli. Dans la conquête de son record absolu à lui, un septième maillot à pois, Richard Virenque, qui misait sur la première escalade de la journée, est piégé. Tant pis. Il part en contre avec son ancien complice Christophe

Moreau. La collaboration entre les deux ex-Festina tourne au vinaigre lorsque les fuyards restent à trois en tête : les deux Français avec Simoni. Jamais l'US Postal ne leur accorde trop de liberté et les CSC tentent un baroud d'honneur, histoire de se faire pardonner leur attitude négative lors de l'unique attaque de Jan Ullrich, dans l'étape de Villard-de-Lans. Carlos Sastre semble préparer le terrain pour Ivan Basso qui s'offre quelques mètres d'avance dans le col de la Croix-Fry, le dernier du jour. Leur accélération met fin à l'échappée des trois, mais Floyd Landis, en tête du train postal, les ramène vite à la raison.

Depuis 1999, date de sa prise de pouvoir, jamais Armstrong n'a récompensé ses coéquipiers autrement qu'en dollars. En vue du Grand-Bornand, il fait exception en donnant carte blanche à Landis pour essayer de gagner l'étape. Ullrich, dans la descente, ne l'entend pas de cette oreille. Il reforme le dernier groupe de tête, où l'on retrouve les quatre premiers du général : Armstrong, Basso, Klöden et Ullrich, plus Landis.

Une fois passée la flamme rouge du dernier kilomètre, Klöden surprend ses adversaires. Il semble avoir course gagnée quand Armstrong, à défaut de pouvoir offrir l'étape à Landis, se met

Le public regarde Armstrong par le petit bout de la lorgnette.

Armstrong aurait bien voulu offrir à Landis la victoire au Grand-Bornand.

Pas le choix : il doit gagner lui-même.

Le fan-club de l'Espagnol Chechu Rubiera se met à nu pour soutenir L'US Postal.

à sprinter. Il sait donc faire cela aussi ! Voilà qui rappelle le Bernard Hinault de la grande époque. Le Blaireau, justement, par sa fonction au protocole du Tour de France, accueille le vainqueur et l'adoube : « Parfait ! Pas de cadeau. »
« Gagner une étape du Tour de France, c'est le rêve de tous les coureurs, alors, pourquoi s'en priver ? » rigole le Texan. En enlevant une troisième étape alpestre d'affilée, et une quatrième étape de montagne de rang (règne entrecoupé de la transition entre Carcassonne et Nîmes), Armstrong signe un nouveau record. Aucun des quatre autres quintuples vainqueurs du Tour n'a fait aussi bien. À l'inverse de Miguel Indurain, l'Américain n'est pas un distributeur de miettes. Et pour voir leur champion national triompher, les supporters allemands auraient sans doute été mieux inspirés de se conduire convenablement envers le maillot jaune à L'Alpe d'Huez...

Mercado devance Garcia Acosta : l'Espagne joue en transition.

Simeoni doit se rendre à la raison du maître...

Mais les secrets du cyclisme ne proviennent pas toujours des péripéties de la route. Le sport, en ce début de XXIe siècle, a emprunté le chemin des tribunaux. Coureurs, médecins et dirigeants se chamaillent maintenant par avocats interposés. Il faut remonter au palais de justice de Bologne pour trouver l'explication du scénario de la dix-huitième étape du Tour de France, normalement un exercice de transition, apanage des baroudeurs, des hommes encore frais et volontaires au terme de trois semaines de dur labeur. Jamais à ce stade de la compétition on ne voit les protagonistes du classement général se mêler aux échappées. Et encore moins le maillot jaune ! Dans le Jura, l'Italien Filippo Simeoni s'ingénie à vouloir opérer la jonction avec le groupe de tête qui comprend encore des Espagnols de la plaine, Flecha bien sûr, le rouleur des Iles Baléares Garcia Acosta et Juan Miguel Mercado, le grimpeur effacé de Quick Step, mais aussi un jeune Français fort attachant, Sébastien Joly. Simeoni est un spécialiste de ce genre d'étape. Mais cette fois, la loi du milieu s'impose à lui. D'abord, l'US Postal entame une poursuite, et comme elle ne paraît pas suffisamment efficace à Lance Armstrong, le maillot jaune lui-même décide de sortir du peloton pour aller pêcher l'Italien. Tous deux s'ajoutent aux six hommes de tête.

Procès Ferrari sur le Tour !

Armstrong jubile en prenant quelques relais dans l'échappée où les autres coureurs ne rient pas du tout : ils savent que sa présence à l'avant va inciter les CSC et T-Mobile à ramener le peloton sur eux. Ils comprennent aussi qu'il s'agit d'un règlement de comptes personnel entre le caïd du Tour et l'agitateur italien. C'est sur la base du témoignage de Simeoni contre le Dr Ferrari, que le tribunal de Bologne s'apprête, en octobre, à punir le praticien de quatorze mois de prison avec sur-

sis, pour fraude sportive, ce qui doit mettre un terme à sa collaboration avec Armstrong.
Sous la pression des autres échappés, Simeoni accepte finalement de se laisser glisser jusque dans le peloton. Armstrong agit de même et se justifie par la défense des intérêts supérieurs du cyclisme contre un trublion qui, selon lui, aurait généré une contre-publicité à son sport s'il avait remporté l'étape. Excès d'autorité ? En tout cas, l'heure n'est pas à se plaindre qu'il n'y a plus de patron dans le peloton : pour la deuxième fois en vingt-quatre heures, Armstrong se prend pour Hinault qui, en son temps, s'était également chargé lui-même de ramener à la raison Joël Pelier parce qu'il transgressait les règles de conduite tranquille édictées par le boss. Et comme on a changé d'époque, l'épisode vaut à Paolo Bettini un interrogatoire à l'avant-veille du Mondial de Vérone, en sa qualité de « personne informée des faits », par les carabiniers italiens qui pour-

Tous derrière et lui devant...

L'amour a décuplé les forces de Lance Armstrong

suivent leurs pseudo-enquêtes sur le dopage ! La polémique Simeoni reprend le dernier jour. Là, l'Italien exagère en attaquant dès le baisser du drapeau alors qu'il existe dans le peloton un motus vivendi pour célébrer, en roulant au pas avant les Champs-Élysées, la fin de la galère commune avant le sprint final qui couronne Tom Boonen. Après Angers, le Belge prend Paris. Il ne s'impose que dans des villes de prestige. Entre-temps, le contre-la-montre de Besançon, lieu présumé de la finale du duel Armstrong-Ullrich, sert tout juste à inverser les positions sur le podium final entre Basso et Klöden. 6 est décidément le chiffre fétiche de l'Américain cette année : six étapes remportées pour son sixième Tour victorieux !

Star planétaire

Au-delà des chiffres, le personnage d'Armstrong fait entrer le cyclisme dans une nouvelle dimension. Au survivant du cancer s'ajoute désormais la star planétaire sous toutes ses formes. 2004 est peut-être moins le sixième Tour de Lance que le premier de Sheryl Crow. Avant, c'était touchant de voir le coureur accompagné de ses enfants, du petit Luke et des deux jumelles, sur le podium à Paris. Mais en voyant dans la voiture du directeur sportif une des chanteuses à la mode les plus célèbres de la planète, qui a annulé des concerts pour suivre le Tour, le sport cycliste, rustre par essence, touche à l'irréel. Au vrai, l'amour a décuplé les forces de Lance Armstrong alors que les penseurs traditionnels décelaient dans cette liaison une brèche de plus dans sa domination du Tour de France. En fait, toutes les prédictions défavorables au Texan étaient fausses. Aucune de ses cinq victoires précédentes n'est apparue aussi facile que celle-là !

Page de gauche
Haut :
Le Tour est source d'inspiration artistique.
Bas :
Sixième victoire d'étape pour Armstrong !

Page de droite
Haut :
Triomphe total pour Armstrong.
Basso est battu.

Bas :
6 : chiffre magique.

Bas droit :
Voeckler est aussi le chouchou des photographes.

Au crédit d'O'Grady

En sa dixième année de cycliste professionnel, l'Australien Stuart O'Grady sait qu'au mois d'août, « il est très facile de perdre la condition du Tour de France ». Or, il poursuit un rêve olympique, qui l'avait mis sur le vélo, enfant, dans les quartiers nord d'Adelaïde. Et puis, pendant tout ce temps passé chez Gan et au Crédit Agricole, jamais il n'est parvenu à remporter une manche de Coupe du monde.

Il ne trouve rien à redire au sujet de son ancienne équipe, mais tout de même, depuis son passage chez Cofidis, en dépit de tous les problèmes rencontrés par sa nouvelle formation, il est sacrément plus compétitif ! Son directeur sportif, Francis Vanlondersele, sait jouer avec ses sentiments : il lui promet de le dispenser de la Classique des Alpes s'il enlève le GP de Villers-Cotterêts. Première victoire. Là-dessus, il enchaîne avec deux succès au Dauphiné, acquis avec la manière, forte, du sprinter qui n'hésite pas à engager toutes ses forces dans les échappées au long cours. Avec cette formule, il redevient à Chartres un vainqueur d'étape du Tour de France, bonheur qu'il n'avait pas connu depuis 1998.

Épanoui chez Cofidis

S'est-il fourvoyé dans la programmation de ses saisons à partir du moment où il s'est focalisé sur le Jacob's Creek Tour Down Under, organisé dans son jardin ? C'est un coureur qui ne ménage jamais sa peine. Or, son activité s'est trouvée allégée, en 2004, de l'avant-saison, effectuée en stage et non en compétition en Australie, et du mois de mise entre parenthèses de l'équipe Cofidis en avril.

« Je suis beaucoup plus costaud après 200 bornes », constate-t-il. Le kilométrage de la Coupe du monde lui convient par conséquent. Le scénario de la course, à Hambourg, également. Dans la dernière des cinq ascensions du Waseberg, au kilomètre 234, un trio de stars se détache : Davide Rebellin et Paolo Bettini, les deux Italiens directement en lutte pour la victoire finale au challenge par points de l'UCI, entraînent avec eux le champion du monde, Igor Astarloa, transféré de Cofidis à la Lampre en avril comme on passe virtuellement entre les gouttes d'un violent orage.

Philippe Gilbert (Fdjeux.com) et Paolo Bossoni (Lampre) les relaient en tête de course à 12 kilomètres de l'arrivée, et ils voient rappliquer Bettini et Rebellin, encore, plus Danilo Di Luca, Jan Ullrich et Axel Merckx. Ce dernier prolonge son effort, seul à l'avant, mais un regroupement s'opère dans les 5 derniers kilomètres. Il permet à O'Grady de se repositionner au premier plan avec trente autres concurrents. Ils se départagent par un sprint forcément royal. De fait, sur la ligne d'arrivée, on ne reconnaît que des champions : Rebellin avec son paletot de leader de la Coupe du monde, Astarloa avec le plus beau des deux maillots arc-en-ciel, Oscar Freire qui a gardé les liserés de ses triomphes à Vérone et Lisbonne, Bettini et ses trois couleurs d'ancien champion d'Italie, Erik Zabel qui ne porte aucun signe distinctif en dépit de son passé de champion d'Allemagne. La victoire revient à l'ex-champion d'Australie, au grand dam de Bettini qui frappe de rage sur son guidon. Emmené par son coéquipier et compatriote Matt White, qui a connu l'infortune de renoncer au Tour de France sur une chute stupide, par la faute d'un câble de télévision, à l'entraînement, au matin du prologue, O'Grady rappelle qu'il n'a rien perdu de sa vélocité quand bien même il ne compte pas autant de succès au sprint que le voudrait sa réputation en la matière. C'est d'ailleurs parce que le Crédit Agricole a fini par lui préférer Thor Hushovd dans le rôle du sprinter numéro 1 que l'ancien pistard a téléphoné à Cofidis pour changer de crédit. Et c'est tout bénéfice !

Davide Rebellin défend chèrement son maillot de leader de la Coupe du monde.

En haut : Jan Ullrich s'arc-boute sur son statut de champion à domicile.

En bas : Stuart O'Grady devance un parterre royal, Bettini enrage.

Perdi, pardi !

La Coupe du monde brûle ses derniers feux. La mise en place de l'UCI Pro Tour implique le regroupement, dans un même circuit, de courses d'un jour et d'épreuves par étapes, qu'elles durent une semaine ou trois. Il n'y aura plus de classement distinctif pour les classiques. Forcément, des voix s'élèvent contre ce nouvel ordonnancement, particulièrement en Italie où l'on rappelle volontiers le palmarès de la Coupe du monde pour soutenir la formule : Sean Kelly, Gianni Bugno, Maurizio Fondriest (2 fois), Olaf Ludwig, Gianluca Bortolami, Johan Museeuw (2), Michele Bartoli (2), Andrei Tchmil, Erik Zabel, Erik Dekker et Paolo Bettini (2).

Lancé en 1989, le challenge avait pour but de réunir les meilleurs coureurs du monde sur une série de rendez-vous calqués sur le principe de la Formule 1. Où les télévisions devaient devenir la vache à lait du cyclisme avec l'obligation faite aux chaînes candidates pour une épreuve de les retransmettre toutes. De ce point de vue, comme dans l'intention d'internationaliser la compétition (les expériences canadienne, japonaise et anglaise ont fait long feu), l'UCI est en situation d'échec, mais elle ressert à peu de choses près le même plat quinze ans plus tard en assénant le Pro Tour en guise de remède à tous les maux. Une fois de plus, le commerce est mis en avant alors que la priorité devrait demeurer la lutte contre le dopage.

Quel crédit accorder à Manolo Saiz quand il défend le projet en claironnant que les équipes du Pro Tour feront le ménage elles-mêmes en matière d'éthique ? Il s'empresse d'engager David Etxebarria chez Liberty Seguros en dépit de son échec au test du taux hématocrite lors de sa préparation au Tour de France. La route du Pro Tour est grande ouverte à des formations espagnoles plus que douteuses. Roulez jeunesse...

Le pays d'Europe le moins engagé contre le dopage et le mieux servi par l'UCI accueille le reste du monde aux abords de ses splendides pla-

***Haut gauche :* Y aurait-il quelqu'un pour donner des bons conseils à Jan Ullrich ?**

***Haut droite :* Première grande victoire internationale pour Martin Perdiguero.**

***Bas :* Revoilà Joseba Beloki sous ses nouvelles couleurs.**

ges de la Concha et d'Ondarreta. Mais au fil des éditions de la Coupe du monde, la Clasica San Sebastian est devenue la plus soporifique des manches du mois d'août. Le scénario est écrit d'avance : les échappées susceptibles de se produire pendant presque 200 kilomètres sont condamnées par le juge de paix qui reste invariablement l'Alto de Jaizkibel dont le sommet se situe à 31,5 km de l'arrivée.

Star montante du cyclisme espagnol, Alejandro Valverde est crucifié à cet endroit par une crevaison au début de l'ascension. Impossible pour le coureur de la Communauté de Valence, nouvelle appellation de son équipe Kelme, de revoir la tête de course, constituée au sommet de sept hommes : Georg Totschnig et Davide Rebellin (Gerolsteiner), Paolo Bettini (Quick Step), Ivan Basso (CSC), Miguel Angel Martin Perdiguero (Saunier Duval), Alberto Martinez (Relax-Bodysol) et Marcos Serrano (Liberty Seguros).

Bettini et Rebellin continuent de se marquer à la culotte dans la mesure où ils jouent tous deux le classement de la Coupe du monde. Conséquence : Martin Perdiguero, dit « Perdi », leur file sous le nez dans le sprint final. Il a ce bon mot en descendant de machine : « Avant, quand un Espagnol était dans une échappée, il se classait toujours dernier. » De fait, depuis l'époque de Miguel Indurain, dernier vainqueur ibérique de la Clasica en 1990, les temps ont changé avec l'irruption en ce monde d'Oscar Freire, puis Alejandro Valverde. L'éclosion de Perdiguero s'est réalisée de manière plus progressive. Il a attendu l'âge de 30 ans avant d'entrer parmi les dix premiers mondiaux, pour l'essentiel grâce à des succès de seconde zone comme le Tour de Catalogne cette année. Il a navigué en eaux troubles, entre la fantomatique Linda McCartney en Grande-Bretagne et le curieux entourage de Mario Cipollini en Italie (Cantina Tollo, Acqua & Sapone, Domina Vacanze) avant de rejoindre Saunier Duval, une escouade vieillissante trop rapidement estampillée UCI Pro Tour...

Bettini, l'Australie, Absalon

Athènes, berceau de l'Olympisme moderne. La logique de l'Histoire exigeait que en 1996, cent ans après leur rénovation par le baron Pierre de Coubertin, les Jeux retrouvent leurs marques dans la capitale grecque. Où, pour éviter toutes les dérives, circule l'idée d'un ancrage permanent du rendez-vous sportif quadriennal au même endroit, dans cette ville fort accueillante de la Méditerranée. Hélas, le Comité international olympique, dans sa version la moins recommandable sous l'autorité du marquis de Samaranch, vendit son âme à Coca Cola, contraignant Athènes à patienter jusqu'en 2004. Pour les habitués des rendez-vous olympiques, Atlanta 1996 reste un mauvais souvenir. Pour le monde du cyclisme, il représente un virage fondamental : voilà huit ans, la page de l'amateurisme fut tournée pour laisser place aux meilleurs coureurs de la planète. Tous ont mordu à l'hameçon. Pascal Richard en Géorgie en 1996 et Jan Ullrich à Sydney en 2000 ont démontré que l'or olympique pouvait aussi bien toucher le cœur des champions des classiques et du Tour de France. Pourtant, dans la grande famille des Jeux, pour l'essentiel composée d'athlètes méconnus représentant vingt-huit sports différents, souvent confinés dans l'anonymat avant de surgir en pleine lumière médiatique une fois tous les quatre ans, les cyclistes professionnels – et pareillement les tennismen et les basketteurs – sont encore dévisagés comme des extra terrestres. Ils doivent en quelque sorte se rendre à l'évidence : ce monde n'est pas exactement le leur. Ont-ils pris le temps de lire la charte olympique ? Le sponsoring est banni des arènes. Même la marque des bicyclettes ne peut être trop voyante. Seule une mention est tolérée sur le matériel. À quelques heures du départ, les staffs techniques appliquent à la hâte des autocollants sur les

sur l'Olympe

casques et vélos. C'est inélégant alors que le décor est grandiose. La course sur route, organisée dès le lendemain de la cérémonie d'ouverture, tourne au pied de l'Acropole. Les vestiges de l'Antiquité accueillent les cyclistes de la même manière que le stade mythique du mont Olympe, à 250 kilomètres d'Athènes, offre aux lanceurs de poids un théâtre à la mesure de la légende du sport.

Magnus Backstedt est le premier en action. Le géant suédois, visiblement peu perturbé par la chaleur étouffante (38° C à l'ombre, mais la course se déroule essentiellement sur un parcours découvert), s'échappe après seulement 23 kilomètres de course alors que l'équipe d'Espagne se lamente de la perte d'Igor Astarloa et José Ivan Guttierez, sur chutes, ce qui n'arrange pas les affaires du grand favori, Alejandro Valverde. Car aux jeux Olympiques, à la différence des championnats du monde, les équipes nationales sont composées de seulement cinq éléments.

C'est pourquoi il importe de ne pas griller ses cartouches inutilement. Mais après 70 kilomètres de course, alors que l'écart culmine à 3'23'' en faveur du vainqueur de Paris-Roubaix, Richard Virenque attaque et sort du peloton. Trop tôt ? À tout le moins, son initiative réveille les favoris. Stuart O'Grady et Paolo Bettini font rouler Matt White et Daniele Nardello, respectivement pour l'Australie et l'Italie. L'échec est couru d'avance pour les échappés qui se comptent trois à 100 kilomètres du but avec le renfort du Hongrois Laszlo Bodrogi.

Du reste, une autre course commence lorsque le Kazakh Alexandre Vinokourov et l'Ukrainien Yaroslav Popovych prennent le relais à l'avant. Se mettent également en évidence Romans Vainsteins, le champion du monde letton de Plouay, les Américains Bobby Julich, Tyler Hamil-

Premier en action, Backstedt et son vélo camouflé.

Virenque sort du peloton. Trop tôt.

ton et Levi Leipheimer, le Russe Viatcheslav Ekimov, les Belges Philippe Gilbert et Axel Merckx, puis un quatuor formé du Suisse Martin Elmiger, du Sud-Africain Ryan Cox, de l'Irlandais Ciaran Power et, surprise, de l'Australien Robbie McEwen, le sprinter dont la présence ruine les espoirs de ses compagnons. Le bleu de France paraît bien pâle. L'équipe est vieillissante et le petit prince du Tour de France, Thomas Voeckler, est annoncé fatigué. Mais, à 40 kilomètres de l'arrivée, c'est lui qui entre en action en compagnie, notamment, de Nardello et Hamilton. La température décline enfin. Comme par relation de cause à effet, deux Scandinaves, le Norvégien Kurt-Asle Arvesen et le Danois Franck Høj, s'isolent à l'avant en même temps qu'Axel Merckx et Luca Paolini. Les Italiens sont d'une vigilance à toute épreuve.

Bettini place son attaque à un tour et demi de la fin dans la côte de Lycabettus. Un seul homme parvient à le suivre : le Portugais Sergio Paulinho, 24 ans, pas encore de palmarès professionnel hormis un titre national contre la montre et deux victoires d'étapes au Tour du Portugal. D'ordinaire, il défend les couleurs de la modeste équipe LA Pecol. Avec ce coureur de seconde zone, l'olympisme et la glorieuse incertitude du sport reprennent leurs droits. Initialement remplaçant, il était venu pour participer, guère plus, et voilà qu'une médaille lui tend les bras.

Grossièreté allemande

Bettini collabore sans difficulté ni inquiétude avec Paulinho. Il sent le Portugais friable dans sa roue. À l'arrière, Nardello veille au grain et dissuade les poursuiteurs. Franco Ballerini, le commissaire technique italien, se régale. Son plan marche à la perfection, comme lors du Mondial de Zolder où il avait conduit Mario Cipollini au triomphe arc-en-ciel. Une victoire d'équipe à laquelle Bettini avait grandement contribué.

Sur l'avenue Athina qui mène à la célèbre place Omonia, il lance son sprint de loin et s'impose sans difficulté, en se tournant vers les reporters de la RAI dans la tribune de la télévision, dans le but que son exploit soit bien relayé. « Les jeux Olympiques permettent de faire connaître le cyclisme à des gens qui ne s'y intéressent pas habituellement », signale « le grillon ». À 32 ans, Axel Merckx, qui souffre toujours de la lointaine descendance sportive de son père cannibale, obtient pour sa troisième place une couronne d'olivier, seule distinction, pour ainsi dire, qui ne soit pas stockée dans les armoires d'Eddy. « C'est l'un des grands moments de ma carrière », dit-il.

Dans l'épreuve féminine, le dénouement prend aussi la forme d'un sprint à deux, réunissant l'Allemande Judith Arndt et l'Australienne Sara Carrigan. Surprise : la représentante germanique accorde des relais énormes sans demander d'aide à sa compagne d'échappée qui, logiquement, a plus de ressources et se révèle la plus rapide au final. On comprend l'attitude de la dauphine quand elle tend, odieusement, un doigt vengeur à l'intention des dirigeants de sa fédération pour leur reprocher de n'avoir pas sélectionné Petra Rossner, 38 ans. « C'est la meilleure sprinteuse du monde ! » s'insurge Arndt, très proche de sa compatriote dans la vie.

Thomas Voeckler est très médiatique.

Kurt-Asle Arvesen et Luca Paolini tentent une sortie dans les rues d'Athènes.

Paulinho, content de suivre « Paolino ».

L'olivier sied au fils du cannibale.

Triomphe attendu pour Bettini.

L'Australienne Carrigan crée la surprise.

Haut gauche : Rogers privé de médaille, c'est injuste.

Haut droit : Positif une fois mais pas deux, Hamilton est le champion de la honte.

Milieu : Fin de série joyeuse pour Van Moorsel en dépit d'une chute sérieuse.

Bas : Magnifique ouvrage pour le cyclisme sur piste.

Le cyclisme n'est pas forcément un sport de jeunes. Le contre-la-montre le confirme. Il se déroule dans la partie sud de la capitale grecque, qui mène aux plages de Vouliagmeni, également terres d'accueil du triathlon. Michael Rogers, champion du monde de la spécialité, virtuellement titré après la déchéance de David Millar suite à ses aveux de dopage, échoue au pied du podium. Quatrième. Les têtes couronnées sont, dans l'ordre, Tyler Hamilton, Viatcheslav Ekimov et Bobby Julich, 34 ans et demi de moyenne d'âge, ce qui correspond aussi à l'état civil de la championne olympique féminine, Leontien van Moorsel. Elle conserve son bien acquis à Sydney en dépit d'une chute survenue lors de la course sur route.

L'équipe de France sur piste déçoit

Le vélodrome peaufiné par l'architecte espagnol Santiago Calatrava est un petit bijou. Le rendement de la piste est merveilleux. On le comprend d'entrée de jeu lorsque l'Australienne Anna Meares bat le record du monde du 500 mètres en 33"9. Sur le kilomètre, Arnaud Tournant ne réédite pas le couac de Sydney (5e), mais il s'incline devant un autre Anglais, pas Jason Queally cette fois mais Chris Hoy. « Je suis content de ma course », retient le Nordiste qui a connu des hauts et des bas entre deux olympiades et se trouve, à 26 ans, à un tournant de sa carrière. Arrêter ? Se consacrer à la vitesse ? Sur le kilomètre, son successeur français s'appelle François Pervis, 6e pour sa première sélection olympique à même pas 20 ans. En voilà un qui peut déjà se concentrer sur l'objectif d'une médaille à Pékin, en 2008.
L'autre spécialité où la France brille, traditionnellement, dans les rendez-vous mondiaux, est la vitesse par équipes. Avec Laurent Gané comme démarreur, Mickaël Bourgain dans le rôle du relayeur et Arnaud Tournant dans celui du finisseur, les Bleus signent le meilleur temps en qualifications. Ils paraissent au-dessus du lot. Mais, troublés par un faux départ et un rush final de qualité moyenne, ils se contentent de la médaille de bronze. Au deuxième jour, c'en est déjà fini de la moisson tricolore !
La grande équipe de France, qui a fait la gloire du cyclisme dans la famille olympique tricolore au cours des années 1990, est dans les tribunes. Aux postes de commentateurs, on retrouve Florian Rousseau, Frédéric Magné et Felicia Ballanger. Le miracle ne peut perdurer. Impossible qu'une génération dorée en relaie une autre sans les infrastructures nécessaires. L'actuel

***Haut :* Un vélodrome rempli chaque soir.**

***Milieu :* Tournant retrouvé, 2e au kilomètre.**

***Bas :* Tournant, Bourgain, Gané, moins bien qu'au Mondial, médaillés quand même.**

ministre des Sports, Jean-François Lamour, escrimeur légendaire de la famille olympique, a enfin instauré un plan de rénovation de l'INSEP, mais qu'ont fait ses prédécesseurs ?
L'impression du Mondial disputé en mai à Melbourne se vérifie : l'Australie, libérée depuis une olympiade de son tyrannique entraîneur Charly Walsh, est à la pointe du combat de la piste. La finale de poursuite oppose les deux Bradley, McGee de la Fdjeux.com et Wiggins du Crédit Agricole. L'Australien et l'Anglais ont couru ensemble sous la direction de Marc Madiot.
À 28 ans, le vainqueur du prologue du Tour 2003 passe pour un ancien. Il a perdu, en mai, au profit de son compatriote Michael Ford, le record du monde junior des 3 kilomètres qu'il détenait depuis dix ans. Il en est à ses troisièmes JO. D'Atlanta, il avait rapporté le bronze (individuel et par équipes). À Sydney, chez lui, il avait encore décroché la troisième place en dépit d'une malencontreuse fracture de la clavicule, dix-sept jours avant l'épreuve. Là, il sort d'une immense déception, contraint à l'abandon dans le Tour de France. Wiggins, au contraire, a suivi une préparation exclusivement axée sur la piste aux JO : « Depuis que Chris Boardman est devenu champion olympique à Barcelone en 1992, je travaille pour l'imiter », dit-il. L'homme aux trois passeports (britannique, belge et australien, car il est né en Belgique d'un père parti aux antipodes) établit un nouveau record olympique en 4'15" et confirme ses aptitudes en finale en 4'16", roulant 4" plus vite que McGee. Le combat terminé, les deux rivaux se congratulent sur la piste dans un bel élan de fraternité. La revanche intervient lors de la poursuite par équipes. Vingt-quatre heures après avoir établi un nouveau record du monde (3'56"610), les Australiens effectuent une démonstration de plus. L'inclusion de McGee aux côtés de Graeme Brown, Brett Lancaster et Luke Roberts donne au quatuor une inestimable valeur ajoutée, qui offre à l'île-continent son premier titre olympique de la discipline depuis vingt ans. C'est pourtant une spécialité maison : 3e à Séoul en 1988, 2e à Barcelone en 1992, 3e à Atlanta en 1996, hors sujet à domicile, en 2000, pour avoir négligé d'aligner McGee en qualifications.
« Advance Australia Fair » n'en finit pas de retentir. Ryan Bayley réussit un doublé de poids : à la vitesse individuelle, il ajoute le keirin. L'autre sensation vient de l'Américaine. Préparé pour la route, Stuart O'Grady retrouve sans souci le coup de pédale magique qu'il avait sur piste à ses débuts. Avec Brown, ils forment un duo de rêve qui ne laisse aucune chance aux rois des Six-Jours, les Suisses Franco Marvulli et Bruno Risi. Troisième, en association avec l'ancien de Cofidis Rob Hayles, Wiggins décroche une troisième médaille, ce qu'aucun athlète britannique, tous sports confondus, n'avait réalisé depuis quarante ans !

La finale de poursuite oppose les deux Bradley

Oublié, le Tour de France...

Bradley Wiggins est le digne successeur de Chris Boardman.

Roberts et Lancaster, debout, McGee et Brown, accroupis, sont couverts d'or.

Les fans australiens sont les meilleurs.

Bayley dispose en vitesse de Bos.

Brown et O'Grady font la paire.

L'Océanie est encore solidement au pouvoir en poursuite féminine où l'Australie, toutefois, s'incline dans les deux finales : Katie Mactier pour l'or, face à la Néo-Zélandaise Sarah Ulmer qui abaisse de 6" le record du monde établi par elle-même en mai à Melbourne, et Katherine Bates pour le bronze face à la championne sortante, Leontien van Moorsel. La Russie aussi a sa part du gâteau grâce aux deux épreuves de course aux points, l'une avec Mikhail Ignatiev, 19 ans, un futur grand du cyclisme, l'autre avec Olga Slioussareva, 35 ans.

Absalon sauve la France

Battue à plates coutures, la délégation française s'apprête à quitter Athènes le profil bas, mais elle est sauvée par le VTT. Au champion olympique sortant, Miguel Martinez, succède un jeune homme bien sous tous rapports. Julien Absalon, Vosgien de 24 ans, découvre les bienfaits de la plénitude psychologique. En débarquant en Grèce, il chasse tous ses doutes, nés des championnats d'Europe. C'est ce qui lui permet de livrer la course parfaite.

D'abord, il est débarrassé de l'immense favori, le Belge Filip Meirhaeghe, détecté positif à l'EPO deux mois auparavant. Ensuite, lorsque le Hollandais Bart Brentjens, premier champion olympique de l'histoire du VTT en 1996, accélère en début de course, ils sont trois Français à s'insérer dans le groupe de six qui se forme à l'avant. Au quatrième des sept tours de circuit qui représentent 43,3 km pour deux heures d'effort sur un parcours difficile où il n'y a pas de place pour le hasard, Absalon, Martinez et le troisième homme, Jean-Christophe Péraud, traînent dans leur sillage Brentjens, l'Italien Bui et l'Espagnol Hermida. L'Ibère est actif. Il accélère, mais dans la butte, au cinquième passage, Absalon attaque. Une fois suffit. Le reste de la compétition est un cavalier seul.

Absalon ne pioche pas dans les montées et ne se met jamais en danger dans les descentes, pourtant délicates à négocier. Le triomphe est total. À l'arrivée, il se jette dans les bras de sa femme, Émilie, sa compagne depuis le collège. Avec elle, il a traversé l'adolescence et les vicissitudes de

La reine de la piste est la Néo-Zélandaise Sarah Ulmer.

Sarah Ulmer abaisse de 6" son propre record du monde

Julien Absalon fait un cavalier seul en VTT.

la vie. Quand il devient champion olympique, c'est pour rendre hommage à son père, Bernard, décédé en 2001. Il n'avait peut-être pas choisi la discipline la plus porteuse, mais elle l'avait consacré champion du monde espoir, en 2001 et 2002. Et voilà qu'il transforme toutes les promesses en un titre suprême, au même âge, 24 ans, qu'affichait Martinez lors de son sacre à Sydney, en 2000.

La France, minée par une politique fédérale aux accents trop conservateurs, attendait Laurent Gané, Arnaud Tournant ou Richard Virenque, et voilà qu'elle découvre Julien Absalon, nouveau dieu grec intronisé au pied du mont Parnitha.

Enfin, une médaille d'or pour la France !

CHAMPIONNAT DE ZURICH

Itinéraire fléché

Quand Pascal Richard est devenu, à Atlanta en 1996, le premier cycliste champion olympique professionnel de l'histoire, son équipe Casino s'était empressée, l'année suivante, de lui confectionner un maillot particulier, portant les anneaux, emblèmes du CIO. Une polémique s'en était suivie, le Suisse menaçant de retirer du musée de Lausanne les objets laissés en don lorsqu'il apparut que le paletot de champion olympique n'existait dans aucun sport et que, en conséquence, il relevait de l'illégalité en cyclisme. Pourtant, le monde du vélo a fait ses choux gras depuis bientôt un siècle de ses couleurs distinctives dont l'irisé de l'arc-en-ciel pour distinguer, entre tous, le champion du monde. Les Allemands n'étant pas franchement réputés pour leur goût de l'originalité ni une quelconque propension à transgresser les règles établies, Jan Ullrich, successeur du Romand pendant quatre ans, n'a jamais véhiculé un signe ostentatoire de sa condition de champion olympique. Mais un Italien ne pouvait pas passer à côté d'une fanfaronnerie. Dans la lignée de Mario Cipollini, Paolo Bettini est heureux d'obliger son employeur à payer une amende pour port de maillot non conforme. Tout juste rentré d'Athènes et auréolé de son titre, il se présente doré au départ du championnat de Zurich. Comme c'est mignon ! C'est surtout un coup de pub mais le Toscan est concentré sur son objectif, qui consiste à devenir le premier – et le dernier avant fermeture définitive – triple vainqueur de la Coupe du monde. Son duel avec Davide Rebellin reprend donc au milieu des verts pâturages de la montagneuse Suisse alémanique, une fois que l'Espagnol Carlos Barredo (Liberty Seguros) et l'Américain David Zabriskie (US Postal) ont terminé de s'échiner sans intérêt à l'avant.

David Moncoutié (Cofidis), qui affectionne particulièrement cette épreuve, se met en évidence en belle compagnie puisque Rik Verbrugghe (Lotto), Oscar Freire (Rabobank) et Alexandre Vinokourov (T-Mobile) l'accompagnent dans la dernière ascension du Pfannenstiel à 17,5 km du but. Reste la montée de Wetzwil, à 12 bornes de

Paolo Bettini et Davide Rebellin jouent au chat et à la souris.

Le maillot de Bettini est illégal mais l'Italien est fier d'être doré.

Bettini, incrédule, regarde Flecha l'emporter.

la fin. Rebellin attaque. Bettini, forcément, réplique. Les deux hommes ne s'entendent pas, si bien que trente coureurs se disputent, au sprint, la victoire qui revient à Juan Antonio Flecha. Bettini, 2e pour la troisième fois en trois manches estivales de Coupe du monde, tourne un regard incrédule vers l'Espagnol de la Fassa Bortolo.

Décidément, les Ibères étonnent ! Eux qui ne juraient que par la montagne dans les courses par étapes sont aujourd'hui des chasseurs de classiques. Flecha, le tireur qui avait décoché une flèche en franchissant, victorieux, la ligne d'arrivée de Toulouse dans le Tour 2003, est le troisième d'entre eux à s'imposer cette année en Coupe du monde après Freire et Perdiguero. Il avoue que son rêve est de remporter un Tour des Flandres ou un Paris-Roubaix. Il est effectivement taillé pour cela.

Jérôme Pineau, 24 ans, monte aussi en flèche dans le concert international. Placé juste derrière Flecha et Bettini dans le sprint, il est le premier Français depuis Jacky Durand, 2e de Paris-Tours 2002, à monter sur le podium d'une épreuve de Coupe du monde. Il le doit à une forme resplendissante sur la lancée du Tour de France. Non content de servir Thomas Voeckler dans sa chevauchée fantastique, il prolonge le plaisir par un succès d'estime dans le Tour de l'Ain. Il aurait surtout apprécié d'être sélectionné pour les jeux Olympiques, mais la Fédération française a joué la carte de la vieille garde au détriment de la jeunesse. Pourtant, Pineau a des atouts : 3e et 4e de sprints massifs dans le Tour de France, il va vite et il grimpe. Il possède surtout un caractère bien trempé qui lui donne une dimension de leader. Verbalement, il lui arrive de décocher de fameuses flèches, mais son itinéraire est celui d'un Voeckler. Il ira loin.

Pain complet

Toutes les bonnes choses ont une fin. Coureur cycliste, c'est sans doute un des plus beaux métiers à pratiquer au monde. Reste à savoir se retirer du peloton à temps, avant que le poids des ans devienne trop lourd. Il est fréquent qu'un Français choisisse Plouay comme théâtre de son pot de départ en retraite. C'est là où Laurent Fignon avait disputé sa dernière course. Le symbole est évidemment plus fort encore pour les Bretons. Laurent Madouas et ses enfants sur le podium en 2001, c'était touchant. Cette fois, il revient à Jean-Cyril Robin de tirer sa révérence en cet endroit.
Il aurait pu poursuivre jusqu'au Mondial de Vérone puisque après tout, c'est dans la ville de Roméo et Juliette qu'il signa l'un de ses plus beaux exploits, 3e du championnat du monde 1999. Mais il valait mieux s'arrêter sur une bonne note, dans un environnement où il est éminemment apprécié et respecté. Il l'est évidemment plus dans l'ouest de la France, sur ses terres, devant des spectateurs toujours nombreux et enthousiastes, que dans le cyclisme mondial où ses prises de position contre le dopage, depuis l'affaire Festina, lui ont valu quelques inimitiés. Il ne fait pas toujours bon parler clair et vrai en ce monde.
Robin s'apprête à intégrer l'encadrement de la Fdjeux.com, son port d'attache depuis son départ de l'US Postal où la cohabitation avec Lance Armstrong n'était pas des plus douces. Il n'a pas non plus travaillé en parfaite harmonie avec Didier Rous chez Bonjour. Ce sont les aléas de toute carrière. Le milieu du cyclisme n'est pas un long fleuve tranquille mais il forme une communauté où les gens, même les plus fâchés, sont appelés à se retrouver un jour.

Baguet revient, Robin arrête

Professionnel jusqu'au bout, Robin se classe 11e à Plouay, premier de son équipe, présente aux avant-postes avec Nicolas Vogondy dans une échappée comprenant aussi le généreux Walter Bénéteau (La Boulangère) mais absente du dernier coup, sorti dans le onzième des quatorze tours du fameux circuit Jean-Yves-Perron. On y recense Didier Rous (La Boulangère), Vladimir

Duma (Landbouwkrediet), Danilo Hondo (Gerolsteiner), Giulio Tomi (Vini Caldirola), Nuno Ribeiro (LA Pecol), Serge Baguet (Lotto) et Guido Trentin (Cofidis). Le peloton menace jusqu'à la fin.
Dans le dernier tour, Rous manœuvre à la perfection ses deux derniers rivaux les plus dangereux, Baguet et Trentin, son souci étant d'écarter Hondo, d'évidence le meilleur sprinter du lot. Baguet, un revenant après une coupure dans sa carrière, comme quoi il ne faut pas non plus s'arrêter trop tôt, s'était déjà classé 2e à Plouay en... 1992 ! Rous s'impose sur l'avenue des championnats du monde – c'est le nom de l'artère, construite spécialement pour le rendez-vous arc-en-ciel de l'an 2000.
Pour l'ancien de Festina, c'est une délivrance après une période marquée par de nombreux heurs et malheurs. En 2003, il avait déjà contrebalancé la mort de son coéquipier Fabrice Salanson en lui rendant un hommage exceptionnel par la conquête héroïque du titre de champion de France, non loin de Plouay, à Plumelec, comme quoi l'air de la Bretagne a du bon. Depuis, il a pris de fermes positions en faveur de Jean-René Bernaudeau dans le conflit qui l'opposait à son ancien ami Philippe Raimbaud. En période de divorce chez les Brioches, il refusait aussi, au printemps, de se séparer des masseurs non diplômés. Rous est une sorte de tête brûlée, pas vraiment diplomate lorsqu'il s'exprime.
Il s'est révolté contre l'interdiction faite par l'UCI à Franck Bouyer de se soigner à cause d'une stupide guéguerre avec l'agence mondiale antidopage. Il a craint le pire pour Mickaël Pichon, gravement accidenté au Dauphiné. Il a encaissé le retrait de Brioches La Boulangère des fourneaux du cyclisme. Enfin, il n'a pas marché au Tour de France comme il l'espérait, mais l'usure du temps n'a pas encore définitivement fait son œuvre. Il a mangé son pain noir et retrouvé la ligne pour répondre à l'appel de Bouygues Telecom après La Boulangère.

Didier Rous penche pour un sport rénové. Il gagne sous l'œil de Gilles Le Roc'h, le président des journalistes de cyclisme. Jean-Cyril Robin met un terme à sa carrière, volontairement, à Plouay, éternelle terre de vélo.

TOUR D'ESPAGNE

Heras, trois fois Heras...

Floyd Landis est le premier leader du Tour d'Espagne. Sympa.

Il règne au sein de l'US Postal une forte influence ibérique. C'est en cela que les aficionados, les fans en Espagne, se sont consolés de la déroute de leurs grimpeurs au Tour de France. D'abord, Lance Armstrong, en Europe, réside à Gérone, entre Barcelone et la frontière française. Ce en quoi il n'est pas un pionnier car, poursuivi par le fisc, il a déménagé de Nice pour rejoindre un endroit où, dès 1997, soit avant le passage du Texan à l'US Postal, le directeur sportif de l'époque, Johnny Weltz, attirait les cyclistes américains, à commencer par Tyler Hamilton. Ensuite, il choisit ses coéquipiers de préférence dans la péninsule. C'est ainsi qu'un petit nouveau, Benjamin Noval, a rejoint, dès sa première saison de postier, les lieutenants du Tour de France, les Beltran, Rubiera et maintenant Azevedo. Le directeur sportif, Johan Bruyneel, a couru à la ONCE et s'est installé en Espagne depuis lors. Les médecins d'équipe, aussi, sont espagnols et non pas américains. Mais ça, c'est une autre histoire...

Question de culture et d'environnement, en attendant que les trois Grands Tours deviennent obligatoires pour les grandes formations mondiales, c'est la Vuelta et non le Giro que l'US Postal choisit invariablement pour occuper ses coureurs non retenus au service de Lance en juillet. Ils sont rarement nombreux à doubler. Deux d'entre eux sont sur la ligne de départ à Leon : Manuel Beltran et Floyd Landis. Privée de Roberto Heras désormais, l'escouade américaine ne revient pas vraiment avec l'ambition de défendre le titre acquis un an plus tôt au profit de son coureur espagnol, mais elle démontre, dès la première étape, un contre-la-montre par équipes de 22,7 km, que sa maîtrise de cette discipline du cyclisme est bien devenue une spécialité maison. Composée de Beltran et Landis, mais aussi de Michael Barry, Benoît Joachim, Antonio Cruz, Guennadi Mikhailov, Victor Hugo Peña, Max van Heeswijk et David Zabriskie, l'US Postal inflige à T-Mobile, 2e, un débours de 31" ! C'est énorme, sur une si courte distance. Landis, l'homme que Lance Armstrong voulait récompenser par une victoire d'étape au Tour de France, est désigné par Bruyneel pour franchir en premier la ligne, ce qui lui vaut d'endosser le maillot en or, le « jersey de oro ». « Johan et Lance ont bien voulu que je vienne sur cette Vuelta », observe-t-il en guise de remerciements.

Il n'est pas courant qu'une équipe de ce calibre accorde autant d'égards à un coureur sur le départ, mais manifestement, les patrons de la future Discovery Channel ne tiennent pas rigueur à Landis de ce qu'il appelle « une décision professionnelle », autrement dit son transfert chez Phonak. Floyd est un type à part dans le monde du cyclisme. Il est originaire de Pennsylvanie, un État d'Amérique connu pour ses Amisch, mais lui, il vient d'une autre secte, moins rigoureuse sans doute. Chez les Mennonites, il n'avait pas de télévision quand il était petit, à la maison où il vivait, sur de la terre battue, sans le confort minimum. « Il n'y avait rien de moderne chez nous, rien d'électrique », se rappelle-t-il. Il se souvient qu'il devait lire la Bible, plusieurs fois par jour. « Je n'ai rien à reprocher à mes parents, ils m'ont donné une bonne éducation », insiste-t-il. N'empêche que, adolescent, il a fui, par attirance pour un engin moderne prohibé dans sa communauté : la bicyclette.

Floyd est devenu professionnel en VTT. Mais, lâché par ses sponsors, il s'apprêtait à chercher « un job normal » en 1999 quand il reçut un appel de John Wordin, le patron, à l'époque, de l'équipe Mercury. Six mois plus tard, il était au départ du Tour de l'Avenir, et rapidement, porteur du maillot jaune ! Il a fallu un passage à l'US Postal et une prise en main de son destin par Lance Armstrong lui-même, qui le délogea d'une terrasse de café à Gérone afin qu'il aille s'entraîner, y compris par temps de pluie, pour qu'il entre de plain-pied dans la carrière, sérieusement, et qu'il puisse enfin régler ses dettes en Californie.

L'histoire de Landis n'est pas banale. Sa personnalité non plus. Il faut sans doute connaître l'homme et ses élans de sympathie pour comprendre pourquoi un Bruyneel et un Armstrong, qui ne sont pas à proprement parler des philanthropes, continuent à lui accorder leurs faveurs alors qu'il a choisi une autre voie que celle du train postal.

L'US Postal évolue à cette époque de l'année sans la pression de l'été, et sans autre ambition que

En septembre, la Vuelta est exclusivement une affaire espagnole, pas internationale.